BUR
Rizzoli

FLAMINIA BOLZAN

L'ATLANTE DELL'AMORE

Strategie per non perdere la bussola nelle tue relazioni

Prefazione di
Angelo Mellone

BUR Rizzoli psicologia

Pubblicato per

BUR Rizzoli

da Mondadori Libri S.p.A.

ISBN 978-88-17-18549-3

Prima edizione BUR Psicologia: maggio 2024

Realizzazione editoriale: Studio editoriale Littera, Rescaldina (MI)

L’atlante dell’amore

A mamma e papà e à tutte quelle storie d'amore finite
il cui epilogo, forse, non resterà più incompreso.

SOMMARIO

Prefazione

UNA BUSSOLA PER LE DINAMICHE D'AMORE

di Angelo Mellone

A cinquant'anni, provengo da un mondo in cui era considerato naturale che l'età adulta fosse quella in cui ci si sposa, si mette su famiglia e si fanno figli. Come si diceva: si mette la testa a posto. Leggere questo libro mi ha fatto capire ancora una volta, in modo chiarissimo, che l'universo sentimentale della mia adolescenza, il sistema di regole e di immaginari in cui sono cresciuto, nel quale l'amore romantico era una delle componenti di una relazione, ma da un certo punto in poi della vita non più quella fondamentale, non esiste più. È stata fatta tabula rasa della tradizione – fateci caso: se incontrate una coppia di mezza età che sta ancora insieme da venti o trent'anni, la guardate come se fosse un miracolo in cammino – e non è stato ancora inventato qualcosa in grado di sostituirla; sostituire cioè un antico e radicatissimo sistema di relazioni sentimentali e famigliari che è sopravvissuto a epoche, guerre, catastrofi, ma non ha retto l'urto della rivoluzione tecnologica delle piattaforme social. Se il corteggiamento oggi si fa su Tinder, qualcosa è andato storto, o no?

Grande è la confusione fuori e dentro di noi. Se è aumentata in modo esponenziale la produzione di libri, programmi, siti dedicati al tema dell'amore nelle sue tante e a volte contraddittorie declinazioni, è proprio perché di amore parliamo sempre di più e ci capiamo sempre di meno. O, se si vuole, ne parliamo sempre di più perché ne capiamo sempre di meno. Concetti come love bombing, ghosting, poliamore o abuso narcisistico, adesso di uso comune, erano sconosciuti fino a qualche anno fa. In questa giungla terminologica, spesso non disponiamo delle giuste coordinate per orientarci. Non è un caso che questo *Atlante dell'amore* rivendichi di essere una "bussola", uno strumento di orientamento e conoscenza, un manuale per apprendere ciò che serve delle dinamiche d'amore per evitare, se possibile, di fare e farsi del male.

Nel primo capitolo l'autrice attinge al linguaggio del mito per ricordarci che i grandi interrogativi su quell'oggetto misterioso che è l'amore non sono un cruccio contemporaneo. Da sempre l'amore si porta appresso un catalogo infinito di sentimenti correlati: la gioia e la frustrazione, l'eccitazione e il dolore, la speranza e la depressione, la dipendenza e l'autonomia. Solo che oggi viviamo, come si legge, in una "era di gratificazione istantanea", un grande fast food sentimentale dove consumiamo voracemente un bene che nei libri letti da giovani era l'opposto, la ricerca della durevolezza o, al massimo, della passione così forte ed esclusiva da imporre se necessario anche il massimo sacrificio. Il fatto che oggi sia infinitamente più facile entrare e restare in contatto con gli altri – se ci pensiamo bene, con lo smartphone ci portiamo in casa quel mondo che fino a trent'anni fa restava fuori dalla porta – ci ha reso le cose più semplici solo all'apparenza. Tenere in piedi relazioni stabili diventa una fatica simile – per rimanere in tema di miti – proprio a quella di Atlante, che regge sulle spalle, nel nostro caso, il peso enorme della stabilità, della fedeltà, di quell'amore "sicuro" indicato come la condizione migliore per viverlo in modo sereno e appagante.

Flaminia Bolzan conserva nella scrittura la stessa scintillante chiarezza con cui in televisione e sui social parla di sentimenti, grazie alla quale in pochi anni ha conquistato riconoscibilità e autorevolezza. Ho osservato Flaminia anche in veste di oratrice e posso testimoniare che riesce ad attirare l'attenzione del pubblico in virtù di un'innata capacità di raccontare in modo comprensibile a chiunque i risultati di ricerche psicologiche, analisi cliniche, teorie filosofiche. È il grande dono dei divulgatori, alla cui famiglia l'autrice appartiene. E dunque, quello che Bolzan fa con gli spettatori, in questo *Atlante* lo fa con i lettori: spiega in modo semplice, accessibile e godibile tutto ciò di cui abbiamo bisogno per essere introdotti in modo cognitivamente fecondo al grande tema dell'amore, inteso come "sistema motivazionale" che possiede differenti livelli di manifestazione e complessità. Tutti ci innamoriamo. Tutti abbiamo sofferto per amore. Tutti, credo, abbiamo anche fatto soffrire per amore. Tutti abbiamo preteso di essere accuditi e rispettati. Tutti siamo stati soggetto e oggetto di idealizzazione. E così via. Parlare d'amore è parlare della nostra vita e di un sentimento che davvero contiene il potere ambivalente del farmaco, che può essere cura o veleno – in questo caso – per la nostra anima.

Oggi dall'amore si pretende molto di più che in passato: per questo ci si annoia e ci si distrae con maggiore facilità, si moltiplicano le fragilità, le nevrosi, le insicurezze, le dipendenze. La lettura di queste pagine è un buon inizio per condividere questa forma sociale diffusa di smarrimento e provare, o cominciare a provare, a trovare qualche soluzione.

1

CHE COSS'È L'AMOR

L'amore nelle storie che ci raccontano

Che coss'è l'amor? Così si chiede Vinicio Capossela nel suo celebre album *Camera a sud*. E lo identifica in un sasso nella scarpa, in un indirizzo sul comò, in una ragazza che balla; una domanda da rivolgere al vento o a una porta chiusa.

L'intento del cantautore, forse, era quello di allargare il concetto di amore in modo da consentirgli di racchiudere scenari enormemente variegati. Ed è proprio dalla definizione di questo concetto che vorrei partire, riprendendo le parole di un altro grandissimo della musica che diceva di non saper parlare d'amore perché l'emozione non ha voce.

Ecco, il punto centrale è esattamente questo: noi alle emozioni non dobbiamo dare solo una voce, ma anche un tono, un'espressione, uno spazio e soprattutto una dignità. Dobbiamo renderle nostre amiche, compagne fidate con cui ci sentiamo a nostro agio nei lunedì sera piovosi. Imparare a riconoscerle senza rinchiuderle nei microspazi in cui releghiamo tutto ciò che ha un'importanza secondaria. Le emozioni non possono finire in una di quelle scatole che di cambio di stagione in cambio di stagione lasciamo a prendere polvere sull'armadio senza più nemmeno ricordare cosa contengono, perché va a finire che quando le riapriamo – e alla fine succede sempre – non troviamo più ciò che stavamo cercando o, peggio, ci accorgiamo ormai che è diventato logoro e inservibile.

L'intento di questo atlantino è un po' diverso da quello del classico manuale di autoaiuto. Senza scomodare Virgilio, o altre guide illustri, mi piacerebbe accompagnarvi lungo il percorso che vi porterà a dar voce, e anche senso, alle emozioni. Non aspettatevi perciò un prontuario in stile Ikea su come "montare" la relazione perfetta, che – detto per inciso – non esiste in quanto tale e non può essere universalmente definita. La mia intenzione è quella di fornirvi una bussola, uno strumento che vi permetta di non perdere l'orientamento.

Non è un caso se ho parlato di percorso, bussola e orientamento, perché quello che voglio proporvi è un viaggio. Un viaggio che parte da lontano, ma non nello spazio: nel tempo. Un viaggio che ha inizio più o meno mille anni fa. Perché? Perché prima di affrontare l'amore nella prospettiva di una disciplina e di una scienza – come è appunto la psicologia –, dobbiamo partire dalla sua rappresentazione.

E voglio cominciare da un mito.

Dalla leggenda di Amore e Psiche che il filosofo romano Apuleio ha inserito nella sua opera *L'asino d'oro*. Una storia nella storia che da secoli colpisce l'immaginario di poeti, artisti e analisti. Ma cosa ci racconta il mito dei suoi due protagonisti? Come nel più scontato dei cliché, Psiche è giovane e bella, talmente bella da destare addirittura la gelosia di una dea, Venere, che ordina a suo figlio Amore, concepito con Marte (dio della guerra), di farla innamorare di un uomo bruttissimo. Amore, che i greci chiamavano Eros, è un fanciullo alato, armato di arco e frecce, capace con i suoi dardi di far sciogliere anche il cuore più duro. Neppure gli animali possono sottrarsi alla sua influenza, tant'è che viene spesso raffigurato su un carro trainato da leoni, a testimonianza di come l'amore sia in grado di soggiogare perfino le belve.

Il giovane si accinge a obbedire all'ordine, ma si ferisce con una delle sue frecce e si innamora perdutamente della fanciulla. Come in ogni mito che si rispetti, i genitori di Psiche, nel frattempo, hanno consultato l'oracolo, ricevendone un vaticinio inquietante. La bella principessa deve essere abbandonata, in abito da sposa, su una rupe, dove verrà rapita da un mostro terribile.

Psiche viene perciò lasciata al suo destino, ma a portarla via è Zefiro, il dolce vento dell'ovest, che la conduce in uno splendido palazzo dove, nel buio più assoluto, viene raggiunta da Amore. Questa potrebbe sembrare la fine della nostra storia, invece è solo l'inizio. Il dio, infatti, preoccupato per aver disubbidito a Venere, si rifiuta di mostrare a Psiche il proprio volto. Innamoratissimo, e ricambiato, promette alla giovane di farle visita ogni notte, ma le impone di non tentare di guardarlo o di scoprire la sua identità, altrimenti perderà tutto: lui stesso e la vita di agi che lui le consente. Almeno all'inizio, a Psiche non pesa quello strano accordo. Ogni notte incontra il suo sposo, vive in un palazzo bellissimo e ha il permesso di ospitare la famiglia per dimostrare di essere in salute e felicemente maritata.

Tuttavia le sorelle di Psiche, che, come le sorellastre di Cenerentola, Anastasia e Genoveffa, sono decisamente meno belle di lei, ci mettono la zampino. Invidiose della sua felicità, le instillano un terribile dubbio: se non ha mai visto in volto suo marito, come fa a essere sicura che non sia un terribile mostro, pronto a ucciderla? Tormentata dall'incertezza, alla fine la giovane nasconde una lampada a olio in camera da letto. Aspetta che cali la sera, accoglie lo sposo e, una volta certa che dorma profondamente, accende la lampada. Meraviglia: davanti a lei non c'è l'orribile mostro paventato dalle sue sorelle, ma un giovane dolce e bellissimo. Psiche è così incantata dal volto del suo sposo da far vacillare il lume e fargli cadere addosso una goccia di olio caldo. Amore si sveglia di soprassalto e, vistosi tradito, abbandona la fanciulla. Psiche, quindi, perde letteralmente Amore. Il dio lascia il palazzo, la ragazza comincia a vagare alla ricerca dell'amato ed è chiamata a superare molte prove per dare dimostrazione dei propri sentimenti e della propria forza d'animo.

Le peripezie che Psiche è chiamata ad affrontare sono pericolose e mettono a dura prova il suo fisico. Nell'ultima, la giovane deve addirittura scendere negli Inferi per chiedere a Proserpina di imbottigliare un po' della sua bellezza. Tornata nel mondo dei vivi, la fanciulla apre l'ampolla per recuperare un po' dell'avvenenza perduta durante le sue avventure, ma cade in un sonno profondo. A svegliarla, salvandola, è Amore, che ancora la ama.

Il dio la porta con sé da Giove, al quale chiede di concederle l'immortalità e di poterla sposare davanti a tutte le divinità. Nemmeno a dirlo, Giove accetta, e quindi possiamo dire che la storia di Amore e Psiche da mito diventa favola, una di quelle dove «vissero tutti felici e contenti».

È rinfrancante trovare nella mitologia classica una storia d'amore con un lieto fine, visto che – a parte pochissime – hanno la tendenza a finire in tragedia. Quello che ci interessa, però, e su cui vorrei invitarvi a riflettere è il momento in cui Amore fugge da Psiche, perché è lì che risiede il senso più profondo del mito.

La storia, infatti, si presta anche a una lettura "simbolica": dopotutto, si tratta dell'anima (Psiche) che si unisce all'Amore, ma solo a condizione che la stessa anima non veda mai il volto dell'amore. L'idealizzazione è ciò che accade quando ci si rappresenta un soggetto non per come è, ma per come sostanzialmente lo si immagina; ha a che fare, sul piano psicologico, con la percezione di un altro in termini migliori di quelli effettivamente supportati dall'esperienza e nell'inconoscibilità del volto possiamo ritrovare un processo molto simile. Non ti posso guardare, ma ti posso immaginare. Non ti vedo per ciò che sei, ma per ciò che vorrei che tu fossi. La maschera, al contrario, in questo caso non cade, perché non viene di fatto indossata da Eros; la maschera è nel dubbio e nell'incontenibile curiosità di Psiche, e la metafora è l'olio che cade e disvela quella necessità di conoscenza reale che in amore e in generale nelle relazioni dà forma alle trasformazioni. Possiamo cambiare qualcosa solamente quando ne abbiamo contezza. Quando, in sostanza, possiamo guardarla davvero.

Un aspetto, questo, che si ritrova anche nel mito di Orfeo ed Euridice, dove il cantore – disattendendo agli ordini divini – si volta a guardare la moglie uscire dagli Inferi. La sua motivazione è la stessa di Psiche: il dubbio. Orfeo non è sicuro che Euridice stia tornando con lui nel mondo dei vivi, quindi si volta per controllare; Psiche è spinta a mettere in dubbio la natura del marito e così accende la lampada per vederlo.

Ma perché dovrebbe essere una cattiva idea per Psiche, l'anima, conoscere o "vedere" l'amore?

Sia nella religione pagana sia in quella cristiana, l'anima è immortale, e il grammatico Marziano Capella pensò che il mito fosse un'allegoria: nella scelta di impegnarsi in un amore sessuale (volendo vedere Amore alla luce della lampada), Psiche è attirata nel mondo mortale e quindi perde l'immortalità. L'anima, in seguito, sarà destinata a lasciare il corpo umano mortale, perché il corpo è appunto governato da Amore (cioè, dal desiderio sessuale).

Ci si poteva aspettare che il cristianesimo riprendesse questa lettura, conferendole una connotazione religiosa: un avvertimento a non cedere al desiderio fisico per non mettere a repentaglio l'immortalità dell'anima. Quello che in realtà è accaduto, però, è che molti scrittori cristiani hanno visto questo racconto come un'allegoria del matrimonio: Amore e Psiche rappresentano l'unione tra l'amore umano e l'anima divina. Certamente, nonostante la reputazione di Amore (incline alla promiscuità nella letteratura classica), lui cerca Psiche dopo che in precedenza era fuggito da lei, e chiede il permesso divino di Giove per sposarla davanti a tutti gli dei e farne una donna onesta. Cosa potrebbe essere più "cristiano" di questo?

La morale di questa prima storia è che ci raccontiamo l'amore o ne leggiamo il significato a partire dalla nostra cultura di appartenenza, trovando spunti di riflessione persino in un contesto in cui l'amore romantico era di fatto ancora "sconosciuto". L'anima e il corpo, lo spirito e la carne, il dubbio, l'allontanamento e il lieto fine. Tutti ingredienti che contribuiscono a rappresentare l'amore come dotato di queste caratteristiche.

Ma siccome raccontare storie mi piace, ve ne voglio proporre un'altra, un filino più moderna. Anche se la vicenda è realmente accaduta, a interessarci non è tanto la corretta sequenza degli avvenimenti storici – peraltro lacunosa –, quanto il suo profilo letterario. Il merito è di un signore di nome Dante Alighieri, che nella *Divina Commedia* rende nota la vicenda amorosa di Paolo Malatesta e Francesca da Polenta.

Come già saprete, la loro è la storia d'amore impossibile tra due cognati che hanno vissuto una delle passioni più intense della letteratura italiana: una relazione pericolosa, per parafrasare il capolavoro di Laclos, ma soprattutto un legame in cui a farla da padrone è un vizio, uno capitale, la lussuria. Dante ce ne parla nel canto V dell'*Inferno*: Francesca, abbracciata alla figura muta del suo amante, è il primo personaggio dell'opera con cui il poeta intavola un vero e proprio discorso e di cui si spinge a tracciare un accurato profilo denso di interpretazioni e spunti introspettivi.

L'incontro si svolge nel secondo cerchio infernale, in cui si trovano i lussuriosi. Il tema è quindi proprio quello di chi sceglie di lasciarsi travolgere dal desiderio sessuale anteponendo alla ragione l'istinto carnale, la pulsione più profonda. Tra le anime dei peccatori, trasportate da un vento fortissimo, ci sono Cleopatra, Achille, Elena, ma l'attenzione di Dante è tutta per Paolo e Francesca, che all'epoca con la loro relazione avevano generato nell'ambiente cortigiano uno scandalo simile a quello del triangolo Ilary-Totti-Noemi. Incuriosito, Dante chiede loro di raccontare gli eventi che li hanno condotti lì.

Francesca racconta di come, leggendo dell'amore tra

Lancillotto e Ginevra, il sentimento sia passato quasi per contagio dalle pagine del libro "galeotto" a lei e Paolo. La loro passione, però, li portò a una morte atroce: Gianciotto, marito di Francesca, scoperto il tradimento, cercò di uccidere Paolo, suo fratello. La fanciulla, nel tentativo di fargli da scudo, venne trafitta e così i due amanti trovarono la morte. Questa storia parla sì di tradimento e di amore carnale, ma anche di un sentimento di rara nobiltà. La cosa che però ha reso indubbiamente famosa e anche particolarmente fascinosa la narrazione su Paolo e Francesca è data dal fatto che i loro sentimenti ricalcano quelli dei personaggi di cui stanno leggendo. Francesca, infatti, racconta che quando arrivarono al punto in cui il cavaliere finalmente baciava la dama, anche Paolo tutto tremante la baciò. Il patatrac era fatto. Finito questo racconto, Paolo svenne e pure Dante si commosse, tanto era struggente la vicenda.

Riassunta così rapidamente, magari questa storia d'amore non vi sembra manco tanto originale, invece è di una profondità incredibile. Innanzitutto la protagonista del canto è una donna: Francesca, e il suo dialogo con Dante è il centro dell'episodio. Le altre figure, infatti, Virgilio e Paolo, fanno solo da contorno. Il primo accompagna e medita, l'altro piange come un bambino. Francesca è l'unica che parla perché il poeta nella sua rappresentazione fa in realtà un ragionamento che di primo acchito sembra rinforzare quello che in psicologia sociale definiamo "stereotipo", ovvero un'opinione rigidamente precostituita e generalizzata. Fa esprimere a riguardo solamente la figura femminile perché a suo avviso la donna è più "giustificabile" per i suoi errori in quanto meno razionale e quindi incline a cedere a un amore sbagliato. Qua Dante diventa pure un po' psicologo, perché la sua empatia gli permette di partecipare al dolore di quelle due povere anime, ma nel contempo non può esimersi dal riflettere sul dolore seguito al loro momento di estasi. Insomma, la gioia della passione è breve, la conseguenza permanente. La colpa, come avviene in una visione romantica delle cose, è comunque attenuata perché Paolo e Francesca non avevano la minima possibilità di resistere a un sentimento tanto forte da andare addirittura oltre la morte e legarli per l'eternità.

La scelta di introdurre il concetto dell'amore attraverso un'interpretazione di queste due storie non è casuale: tanto nel mito quanto nella visione dantesca sono insiti spunti dai quali non possiamo prescindere, come per esempio l'attrazione incontenibile che sfugge a ogni logica; l'impossibilità di esimersi, talvolta, da ciò che si sa essere "sbagliato" nell'accezione comune; l'impulso irrefrenabile di cedere a una passione, la necessità metaforica di "vedere" l'altro, la brama di conoscere ciò che ci è vietato guardare, la curiosità verso un "altro" e il timore che il disvelamento possa di fatto condurre a un epilogo imprevisto sono spinte fortissime nel sentimento d'amore.

L'amore nelle teorie della psicologia

Per riuscire a orientarsi in questo viaggio incredibile è importante conoscere come la scienza classifica l'amore, perché in questo modo potrete scegliere e soprattutto capire cosa accade nella vostra relazione o, se non ne avete una, quali sono le basi su cui potete iniziare a costruirla a seconda di quello che cercate. Si tratti di avventura, di gioco, di durevole rapporto o di famiglia, saprete cosa guardare, osservare e notare per non perdervi.

Sotto il profilo squisitamente scientifico, definire univocamente l'amore è forse ancora più complesso che provare a farlo in ambito letterario. Possiamo infatti considerare la parola "amore" come un vaso che raccoglie sentimenti, comportamenti e atteggiamenti di qualunque sorta e che talvolta presentano tra loro davvero poche similarità. Basti pensare, tanto per fare un esempio, che nel 1991, nel corso di un esperimento, è stato chiesto a degli studenti di elencare tutte le tipologie e forme di amore a cui riuscivano a pensare nell'arco di venti minuti di tempo. Ne è venuto fuori un elenco di 216 tipologie, di cui 93 menzionate da più di una persona.

L'amore è un fenomeno universale e transculturale. Tuttavia, se l'amore come esperienza è in buona sostanza uguale per tutti e da tempo immemore, la sua espressione differisce a seconda del contesto di riferimento. Probabilmente proprio questo è uno dei motivi per cui la psicologia per un sacco di tempo non si è occupata dell'argomento. (Se un tema è così vasto da poter essere analizzato in relazione a un numero sterminato di variabili, diventa molto difficile fornirne una spiegazione attendibile sotto il profilo rigorosamente scientifico.)

Quando però la scienza si è finalmente accorta che era impossibile non occuparsene, si è premurata di individuare e descrivere le caratteristiche delle numerose tipologie amorose in modo da definire delle categorie. Il risultato ha prodotto una classificazione sterminata, ma ha mostrato anche un bel disaccordo nella definizione di cosa sia l'amore sul piano psicologico. Per limitarci a due sole interpretazioni, c'è infatti chi lo considera un atteggiamento o una predisposizione dell'individuo a sperimentare sentimenti positivi (e di conseguenza mettere in atto dei comportamenti del medesimo tenore) nei confronti di un altro, e chi invece lo considera un'emozione: una combinazione di gioia e fiducia.

L'approccio che maggiormente mi convince è quello che più sembra integrare il tutto e considera l'amore un complesso di atteggiamenti, sentimenti ed emozioni volto ad attirare l'attenzione di una determinata persona allo scopo di instaurare con questa una relazione duratura in cui sono presenti una serie di comportamenti. In poche parole, quindi, ritengo riduttivo definire l'amore come una semplice emozione, e sono più incline a considerarlo un vero e proprio sistema motivazionale. Un sistema capace di tradursi in vari stati d'animo, attivazioni fisiologiche, cognizioni e pensieri che la persona innamorata sperimenta nel cercare di perseguire i propri obiettivi. Questa visione poggia su diversi studi neurobiologici che dimostrano una correlazione tra ciò che sperimenta l'innamorato, cioè il bisogno di connessione, intimità e vicinanza, e l'attivazione del sistema dopaminergico della ricompensa quando questi bisogni vengono soddisfatti. Le neuroscienze evidenziano infatti l'esistenza di un substrato neurologico finalizzato a motivare le persone a sviluppare e a mantenere legami affettivi di coppia: possiamo perciò dire che ogni persona è, per lo meno dal punto di vista biologico, predisposta a innamorarsi, desiderare e ricercare intimità.

Per combinare la scienza (che per i filosofi è universale e necessaria) con l'amore (la cui espressione, come abbiamo visto, dipende dal contesto culturale e storico di riferimento) dobbiamo liberare il concetto d'amore da tutte le interpretazioni che nel corso dei secoli sono andate a definirlo, e considerarlo unicamente dal punto di vista biologico-evoluzionistico, ovvero la tendenza alla riproduzione e alla sopravvivenza della specie. In quest'ottica assumono particolare importanza le strategie di corteggiamento, che hanno l'obiettivo di garantire il successo evoluzionistico e la replicazione del proprio patrimonio genetico. Alcune di queste, adottate dai maschi, comprendono il mettere in mostra le risorse in loro possesso e la disposizione a condividerle con la femmina, mentre per la femmina l'interesse a riprodursi con qualcuno che manifesti la sua intenzione di rimanere e svolgere la funzione genitoriale.

La teorizzazione migliore al riguardo è quella fornita da Buss, il quale propone appunto di raggruppare nel concetto di amore una serie di azioni e comportamenti utili a garantire un miglior successo riproduttivo. In particolare, individua otto funzioni primarie: dimostrazione delle risorse, dimostrazione di fedeltà, protezione e supporto reciproco, impegno a rimanere insieme, intimità sessuale, riproduzione, condivisione delle risorse, investimento parentale.

Sul piano della psicologia sociale (e quindi di quella branca della psicologia che si occupa di studiare come funzionano le interazioni tra le persone), i ricercatori hanno iniziato a distinguere il semplice apprezzamento dall'amore romantico solo a partire dagli anni Settanta. Dal punto di vista psicologico-sociale, il primo rappresenta soltanto una forma di attrazione, mentre il secondo si contraddistingue per la presenza di tre componenti: bisogni affiliativi e di dipendenza, predisposizione a supportare l'altro e orientamento all'esclusività. In seguito si è aggiunta la distinzione tra amore passionale e amicale, dove il primo (sperimentato dalle coppie nelle prime fasi della relazione) è caratterizzato dall'infatuazione e dal profondo desiderio di unione – tanto sessuale quanto emotiva – con il partner.

Questa tipologia di amore viene vissuta con un'intensità elevatissima, e quando è corrisposta genera emozioni di euforia e di grande appagamento, mentre, in caso contrario, produce ansia, una sensazione di vuoto e talvolta una vera e propria disperazione. L'amore amicale è molto simile all'amicizia, alla stima, all'apprezzamento, pur distinguendosi per il grado di intensità, che è maggiore, e per il fatto che implica comunque dei sentimenti, fatta esclusione per la componente sessuale, che invece è prerogativa assoluta di quello passionale. L'amore amicale nasce dall'affinità con l'altro, ed è questa comunanza che alimenta la volontà e il bisogno di restare all'interno di un rapporto con l'altro. Come evidenzia la ricerca, e anche la nostra esperienza di tutti i giorni, siamo propensi a stare con chi ci fa sentire bene e ci premia, ci fa sentire stimati e riconosciuti, mentre tendiamo a rifuggire chi ci fa stare male. Siamo inoltre propensi ad apprezzare maggiormente le persone che ci sono affini, con cui abbiamo interessi in comune, quelle che ci sono familiari e quelle fisicamente attraenti. Il fatto che qualcuno ci sia familiare è importante perché nella somiglianza che riscontriamo con noi stessi pensiamo di sapere cosa aspettarci e questo ci rassicura.

Oltre a quelle appena descritte, romantico-passionale e amicale, Ellen Berscheid individua altre due tipologie per completare il quadro: l'amore compassionevole e l'amore come attaccamento adulto.

L'amore compassionevole si fonda sull'interesse e l'impegno del soggetto per garantire il benessere del partner. La sua cifra distintiva è l'abnegazione: si è portati, anche a costo di sacrificare se stessi, ad aiutare il partner con affetto soprattutto se si ha la percezione che questo possa trovarsi in una situazione di difficoltà. Una delle caratteristiche che rendono funzionale una relazione, non solo di coppia, è la responsività reciproca, cioè il fatto che ognuno dei partner sia sensibile e attento ai bisogni dell'altro, mostri un'autentica disponibilità a prendersene cura e sperimenti la consapevolezza fiduciosa che l'altro sia pronto a fare altrettanto. La gratuità alla base dell'amore compassionevole contribuisce a creare il sostrato in cui si sviluppa il senso di amore reciproco e si rivela anche una risorsa utile nella gestione e nella risoluzione dei conflitti.

Passiamo ora alla quarta tipologia, ovvero l'attaccamento adulto. Il nome può sembrare un po' sibillino, ma è un tipo di amore che non è presente sin dal principio, si sviluppa col tempo (dopo la fase dell'attrazione) e cresce lentamente a prescindere dalla consapevolezza. Può essere identificato come la versione speculare dell'amore compassionevole, perché identifica la tendenza a ricercare il supporto e la protezione del partner (o di una persona con la quale si ha un legame affettivo significativo) nelle circostanze stressanti. Diversi studi condotti su coppie divorziate hanno dimostrato che l'attaccamento ha la caratteristica di persistere anche quando sono svanite le altre forme di amore. Queste ricerche hanno infatti evidenziato che, nonostante la separazione, molti individui sentono periodicamente il bisogno di ricercare la vicinanza dell'ex partner, soprattutto nei momenti di maggiore sconforto e nonostante sussistano anche sentimenti negativi.

La classificazione dell'amore, però, è tutt'altro che univoca, e in questa rassegna delle teorie psicologiche più importanti non può mancare quella del sociologo John Lee, che individua sei stili. Eros, l'amore romantico e passionale, caratterizzato da una forte attrazione fisica, passione e intensità emotiva; Ludus, l'amore visto come un gioco; Storge, ovvero l'amicizia comunemente intesa; Mania, vale a dire l'amore più oscuro, caratterizzato da possesso, dipendenza, gelosia e ossessione nei confronti della persona amata; Pragma, l'amore razionale e logico, fondato più sui doveri che sui sentimenti; Agape, l'amore fondato sull'abnegazione, in cui il bene dell'altro ha la priorità assoluta. Nella teorizzazione di Lee i primi tre stili sono quelli primari, mentre gli altri – pur avendo tratti peculiari – sarebbero una combinazione dei primari (per esempio, dalla crasi tra Eros e Ludus si ottiene Mania).

Un'altra classificazione, forse quella più utilizzata e nota, è la scala triangolare dell'amore elaborata da Robert Sternberg, secondo cui l'amore è il risultato di tre componenti – intimità, passione e decisione-impegno – rappresentabili come i vertici di un triangolo la cui forma riflette le caratteristiche della relazione che si prende in oggetto. L'intimità include tutti quei sentimenti di connessione, vicinanza, reciprocità, calore e affetto e deriva principalmente dall'investimento emotivo nei riguardi della relazione; la passione è la dimensione su cui si fonda l'attrazione fisica e sessuale e alla quale certamente contribuiscono sia componenti biologiche, sia bisogni psicologici; decisione-impegno include i pensieri e le emozioni che conducono una persona a decidere di rimanere con un partner e a impegnarsi per il mantenimento a lungo termine di questo proposito. Secondo Sternberg ogni relazione romantica si contraddistinguerebbe da una specifica configurazione di queste componenti, configurazione che nel corso del tempo può variare. Per esempio, in una storia appena iniziata si potrebbe avere una componente molto forte della passione, una più marginale dell'intimità e un contributo minimo (se non proprio assente) di decisione-impegno. Viceversa, in una relazione più matura, la passione (di solito) risulta affievolita in favore di un maggior peso delle altre due componenti.

A ogni modo, sulla base delle possibili combinazioni di queste tre dimensioni, Sternberg individua otto tipologie di amore: Non-amore, dove tutte sono assenti; Apprezzamento, in cui c'è solo l'intimità; Infatuazione, in cui c'è solo passione; Amore vuoto, in cui c'è solo decisione-impegno; Amore amicale, ci sono intimità e decisione-impegno, ma è assente la passione; Amore fatuo, ci sono passione e decisione-impegno, ma è assente l'intimità; Amore romantico, in cui sono presenti tutte le componenti; Amore completo, dove, come nella precedente tipologia, si ha una combinazione di tutte e tre le dimensioni, ma esperite alla massima intensità. L'evoluzione degli studi di Sternberg ci consente di apprendere ulteriori aspetti dell'amore, come quello secondo cui il grado di soddisfazione di una coppia è tendenzialmente maggiore quando le forme e le rappresentazioni dei due triangoli di ciascun partner coincidono.

Ma Sternberg non si è fermato a questa teoria e ne ha elaborata anche un'altra, considerando l'amore come storia personale. A suo giudizio, ogni persona sviluppa storie d'amore proprie sulla base dell'influenza di quelle alle quali è stata esposta, cioè sulle esperienze precoci che abbiamo sperimentato o di cui siamo stati testimoni, come la relazione dei nostri genitori, le storie d'amore raccontate nei film, in tv o nei libri. Nel bene o nel male, ci si avvicina alle relazioni sentimentali con l'inconsapevole inclinazione di confermare e realizzare la propria idea di amore.

Per una relazione sana e felice, quindi, è fondamentale che le persone abbiano "storie" compatibili. Mi spiego meglio: quando noi parliamo di amore, abbiamo l'inconscia pretesa di poterlo fare in senso assoluto, con oggettività, dando per scontato che l'altro la veda esattamente come noi, mentre in realtà ne stiamo parlando o ne stiamo facendo esperienza solo all'interno della nostra personale visione. C'è chi concepisce l'amore come "un viaggio", come un'attenta opera di "giardinaggio" o come un "sacrificio", e nessuna di queste visioni può essere definita "oggettiva", univoca, ma come il frutto, appunto, di una concezione personale e distintiva di ognuno di noi.

Come percepiamo l'amore: il nostro senso comune

Ora che abbiamo toccato i due estremi, l'amore visto dalla letteratura e dalla scienza, vi faccio una domanda: pensate che l'amore possa essere veramente compreso, o preferite che rimanga per voi un delizioso e sfuggente mistero? Ve lo chiedo perché conoscere le dinamiche psicologiche sottese a questa profonda emozione è un qualcosa che tendenzialmente può contribuire a trasformare le vostre interazioni, relazioni e, in definitiva, anche la vostra comprensione della natura umana.

Il connubio tra psicologia e letteratura romantica può guidarci in un entusiasmante viaggio alla scoperta di noi stessi in relazione a come ci rapportiamo alla nostra idea di amore. La primissima cosa da dire, quindi, rispetto a come percepiamo il complesso fenomeno dell'amore è che questo ci affascina e ci confonde allo stesso tempo.

Perché a interrogarsi sull'amore non sono solo poeti e psicologi, ma anche persone comuni. Persone che l'amore non lo mettono in versi e non lo studiano, ma lo vivono. Tutti noi infatti abbiamo una nostra idea di amore e di relazione sana, un'idea che può variare in base all'età o alla particolare situazione sentimentale che stiamo vivendo.

Nella quotidianità si pensa continuamente all'amore, siamo bombardati da programmi televisivi in cui si parla di sentimenti e i social non fanno altro che snocciolare consigli per tutte le stagioni. La gente è attratta dalle questioni di cuore e sembra manifestare un costante bisogno di saperne di più. Ho perciò chiesto a un campione di dieci persone in diverse fasi della loro relazione (o non relazione) di spiegarmi cosa significasse per loro l'amore, ed ecco quello che mi hanno detto. Le loro risposte potrebbero sorprendervi, o forse no. Vi invito però a soffermarvi su ogni definizione, soprattutto se non la condividete fino in fondo. Interrogatevi sui motivi che possono aver spinto quella persona ad abbracciare quella visione dell'amore. Prendere in considerazione posizioni diverse dalle vostre vi aiuterà a costruire la vostra bussola per orientarvi nel mondo delle relazioni, fornendovi strumenti utili a capire meglio voi stessi e gli altri. Perché, è bene tenerlo a mente, conoscere l'esperienza di altre persone è sempre una fonte di arricchimento.

L'amore è sicurezza

«Per me l'amore è il sentimento che più di tutti deve infonderti sicurezza. L'amore è avere un compagno, un migliore amico, un amante, un partner, un supporter, un consigliere e qualcuno pronto a coccolarti in ogni momento del viaggio della vita. In due si è più forti e preparati ad affrontare i piccoli e grandi problemi che si incontrano lungo il cammino.» *S.*

L'amore è indescrivibile

«L'amore è un sentimento che non può essere descritto a parole.» *M.*

L'amore è dare e avere

«Aprirsi completamente e condividere ogni giorno i propri sentimenti e la vita con qualcuno: questo è ciò che costituisce una relazione sana. Ma deve essere vicendevole. Se non c'è reciprocità, non è amore.» *D.*

L'amore è rispetto

«Sono convinto che una relazione sana debba basarsi sul rispetto reciproco. Rispetto delle idee del partner, delle sue scelte, del suo modo di essere e dei suoi spazi. Senza rispetto, non si va da nessuna parte.» *V.*

L'amore è essere d'accordo

«Ogni relazione è unica: ha caratteristiche e dinamiche proprie, ciò che non deve mancare – però – è la sintonia. Questo è l'aspetto che conta davvero.» *A.*

L'amore è impegno

«La chiave del successo di una relazione è l'impegno. Essere lì per qualcuno: questo è il punto fondamentale di una relazione. Possiamo avere davanti il partner perfetto per noi, ma se non ci impegniamo seriamente, le cose non possono funzionare. Se si è disposti entrambi a fare questo sforzo, l'amore può essere il sentimento più grande che si possa mai provare.» *F.*

L'amore è vulnerabilità

«Fondamentalmente, l'amore significa dare a qualcuno una mappa di tutti i tuoi difetti, delle tue paure, delle tue imperfezioni. Significa riporre tutta la propria fiducia nell'altro sapendo che, se volesse, potrebbe ferirti. Questo è ciò che più spaventa dell'amore, ma anche il suo lato più bello perché ti spinge alla cosa più difficile che un essere umano possa mai fare: rendersi vulnerabile.» *G.*

L'amore è crescere insieme

«Le cose non andranno sempre bene. Il tuo partner potrebbe fare qualcosa che ti farà arrabbiare, ma se si è disposti a considerare questa eventualità come un'opportunità di crescita – e non come un ostacolo –, allora si può dire di essere veramente innamorati.» *S.*

L'amore è conoscere il linguaggio dell'altro

«L'amore nasce dal sapere e dal desiderare ciò che rende felice l'altro. Non importa di cosa si tratti, amare significa conoscere l'altro e sforzarsi di trovare sempre nuovi modi per renderlo felice.» *T.*

L'amore è una comunicazione sana

«Amare qualcuno significa comunicare in maniera diretta. Essere diretti, schietti, sinceri, senza usare giri di parole per non ferire l'altro o per non dire fino in fondo verità scomode. Parlare, ma soprattutto ascoltare per capire.» *I.*

L'amore è parità

«Una relazione sana, secondo me, è quando due persone sono in parità. Amano ugualmente, si rispettano ugualmente e si preoccupano in ugual misura.» *M.*

L'amore è accettare i difetti

«Siamo esseri umani e cambiamo in continuazione, ma essere pazienti e accettare i difetti dell'altro è qualcosa di fondamentale per continuare a crescere insieme in una relazione.» *F.*

L'amore è pazienza

«Non si può sempre andare d'accordo. Mettere alla prova la pazienza reciproca, ma tornare a casa con attenzione, disponibilità, gentilezza e rispetto è la cosa che nell'amore non deve mai venir meno.» *E.*

Come avete potuto vedere, le tredici persone che ho interrogato hanno fornito tredici risposte diverse. Se ne avessi intervistate cento, ci sarebbero state cento definizioni diverse (certo, qualcuna sarebbe stata simile, ma vi assicuro che non ce ne sarebbero state due perfettamente identiche). Qualcuna di queste definizioni si avvicina alla vostra idea di amore, qualcuna vi ha fatto innervosire perché troppo distante dal vostro modo di pensare? Benissimo, l'importante è essere consapevoli delle differenze e cercare di comprenderle, senza rifiutarle acriticamente.

Ora che abbiamo visto quanto possono essere diverse le posizioni sull'amore, cerchiamo di trovare invece i punti di contatto (tenendo ben presente che non esiste una normalità valida per tutti). Generalmente scopriamo cosa è l'amore, o almeno cosa è l'amore romantico, durante l'adolescenza. Nel periodo del liceo. Prima si tende a pensare che l'amore sia qualcosa che le persone provano quando vogliono sposare qualcuno. Immagino così le risposte dei bambini. L'amore nel senso comune è quando ti piace tutto di qualcuno. La sua presenza, come si comporta, come appare, le cose che fa. Oltre a goderti tutto di qualcuno, quella persona ti rende felice e ti fa sentire bene ogni volta che ti è vicina. L'amore è, soprattutto, la sensazione di accettare ed essere accettati. La sensazione che qualcuno là fuori apprezza la nostra presenza. La sensazione che, se dovessimo scomparire all'improvviso senza lasciare traccia, mancheremmo a qualcuno e che la vita di questa persona semplicemente non sarebbe bella come lo sarebbe stata se fossimo stati lì. È nella dicotomia che percepiamo l'essenza dell'amore. Presenza = piacevolezza. Assenza = dolore. Per tante persone è poi molto più semplice definire l'amore partendo da cosa questo non è, per esempio non è raro sentire frasi del tipo «se non ti rispetta, vuol dire che non ti ama». Una frase del genere si fonda però su un presupposto errato, perché la sua formulazione negativa non consente di comprendere cosa sia questo sentimento (come si fa a definire qualcosa dicendo di cosa non è composto?).

Il concetto dell'amore nel senso comune, ha subito un sacco di trasformazioni nel tempo e differisce nella rappresentazione delle donne e degli uomini. Se infatti siamo tutti più o meno d'accordo su quelle che dovrebbero essere le sue caratteristiche in astratto, è sul piano pratico che si presentano le maggiori problematicità, che poi, per inciso, sono quelle che conducono alle incomprensioni nelle relazioni. Generalmente il gentil sesso ha bisogno di una comunicazione profonda, ma soprattutto continua e duratura, mentre al genere maschile ne basta una più elementare. Non in senso dispregiativo, ma in termini assolutamente economici. Come le donne sono capaci di individuare dodici sfumature di ogni colore, mentre gli uomini dicono solo "grigio", lo stesso avviene quando devono parlare di amore e con l'amore. Il romanticismo è appannaggio delle signore, molto più che dei signori. Questo è il senso comune. Perciò, volendo riassumere e quindi aiutarvi in una rapida sintesi, posso dirvi che ci rappresentiamo l'amore in buona sostanza come uno scambio relazionale in cui vi è trasporto reciproco, in cui non deve mancare il presupposto della cura e dell'attenzione per l'altro, pur non essendo chiarissimo in cosa questa attenzione debba tradursi. La pazienza è una caratteristica dell'amore, così come lo è la vulnerabilità. Quando amiamo ci sentiamo anche un po' in pericolo, ma avendo fiducia nel partner siamo disposti a consegnargli una 344 magnum carica, confidando nel fatto che non la utilizzerà mai per ferirci, né tantomeno per ucciderci.

Un'ultimissima postilla sull'amore però è questa: il suo pensiero ci accompagna. Continuamente. Che ci sia o non ci sia, l'idea di una relazione, di un flirt, di un interesse, di una vicinanza o di una lontananza, di una condivisione o del timore di una separazione è qualcosa di cui difficilmente riusciamo a fare a meno per un periodo prolungato. Sapete perché? Perché l'amore ci emoziona e, sebbene possano spesso farci una paura blu, le emozioni sono un segnale fisiologico e psicologico del fatto che siamo vivi. Amare, in un certo senso, rappresenta per noi proprio la vita.

Il legame tra coppia e amore: sfatiamo un mito

In una visione tradizionale dell'amore romantico si è portati a sovrapporre questo concetto a quello di coppia. In buona sostanza tendiamo a immaginare che l'amore sia quello che c'è tra due persone, nel migliore dei casi in una famiglia. Perché, però, dobbiamo sfatare questo mito? Anzitutto per smettere di cavalcare uno stereotipo e poi perché di fatto l'amore, oltre alle sue declinazioni amicali o parentali, può includere una componente passionale – spesso anche sessuale – non esclusivamente tra due persone. Sto parlando del poliamore.

Con questo termine si indicano le relazioni romantiche e sessuali intrattenute tra più di due partner, o l'amore con più di una persona contemporaneamente. La caratteristica della contemporaneità delle relazioni è un criterio importante che differenzia il poliamore dalla monogamia seriale, che consiste nell'avere diversi partner romantici nell'arco della vita, ma uno alla volta. In un senso più ampio, il poliamore può anche essere inteso come la volontà o la disponibilità di accettare che l'amore romantico possa coinvolgere più di due partner.

Un principio fondamentale di questa concettualizzazione è che amare una persona non significa necessariamente escludere di amarne un'altra e che l'amore è, o dovrebbe essere, inclusivo. In molte culture l'amore romantico è stato a lungo considerato monogamo, ovvero esclusivo tra due persone. L'amore in generale, però, come abbiamo visto esaminando le teorie psicologiche che lo definiscono, non è per forza concettualizzato in questo modo. Pensiamo, per esempio, all'amore genitoriale: l'amore che un genitore prova per il primogenito non gli impedisce di amare un secondo o un terzo figlio. Allo stesso modo, si può amare più di un caro amico intimo, senza che questo ci precluda di provare lo stesso sentimento per altri amici.

È questa non esclusività che i poliamoristi rivendicano per l'amore tra partner romantici o sessuali. Questo modello di amore non esclusivo non è considerato adatto a tutti: alcuni potrebbero amare solo una persona e non avere l'interesse o la capacità di affrontare più di una relazione romantica alla volta, tuttavia gli studiosi che sostengono il poliamore sono dell'idea che, se la monogamia non fosse una norma sociale così forte e profondamente radicata, sarebbero molti gli occidentali attratti da uno stile di vita non monogamo.

Sebbene il contesto a cui si applica il termine includa di solito la non monogamia sessuale, le relazioni poliamorose possono anche non prevedere l'intimità sessuale tra tutti gli adulti coinvolti, e possono includere ciò che viene chiamata polifedeltà (ovvero relazioni romantiche esclusive tra più di due partner). L'associazione del poliamore con la non monogamia sessuale a volte offusca le distinzioni tra poliamore e swinging: mentre lo swinging riguarda principalmente la non monogamia sessuale, il poliamore attiene soprattutto all'amore e ai legami emotivi e affettivi. Tipicamente, ma non necessariamente, può comportare anche la non monogamia sessuale. Il poliamore, infatti, non riguarda tanto il numero di persone con cui si fa sesso, ma i sentimenti che si provano.

A ogni modo, nell'accezione comune capita spesso che lo scambismo venga identificato come una forma di poliamore, nonostante molti autori trovino invece essenziale distinguere chiaramente tra i due fenomeni ed enfatizzare l'amore (poliamore) rispetto al sesso (swinging).

Il poliamore è poi diverso dalla poligamia tradizionale e, sebbene possa talvolta facilitare la formazione di dinamiche di potere sbilanciate, manca di caratteristiche fondamentali come i ruoli sociali patriarcali, le strutture relazionali asimmetriche (dove un partner è sposato con più di uno) e il carattere coercitivo che sono associati alla poligamia.

I sostenitori del poliamore usano spesso l'aggettivo "etico" allo scopo di enfatizzare come tra le parti vi sia un mutuo consenso che differenzia radicalmente una relazione di questo tipo dalla poliginia patriarcale (una relazione che intercorre tra un uomo e più donne): in buona sostanza, diversamente da quanto accade in alcuni contesti culturali dove la poligamia è concessa ed è però prerogativa dell'uomo, secondo una logica che appare rispondere a quella del patriarcato, l'eticità del poliamore risiederebbe nel fatto che vi sia una condivisione e un'accettazione da parte di tutti i soggetti coinvolti, nel segno della trasparenza e del rispetto.

Per rinforzare il concetto di eticità, il poliamore è stato anche definito come non monogamia responsabile da Kevin Lano e Claire Parry. Se il consenso di tutte le parti coinvolte eviterà l'etichetta di adulterio, tuttavia, dipenderà solo dal fatto che si ritenga o meno che il matrimonio e l'amore romantico siano intrinsecamente esclusivi.

Oltre all'associazione negativa con il tradimento, comunque, il poliamore può anche ingenerare osservazioni rivolte all'orientamento sessuale: se una relazione romantica ha più di due membri, allora saranno coinvolti più di un maschio e di una femmina, e questo coinvolgimento spesso includerà relazioni romantiche e sessuali tra persone dello stesso sesso. Nella prospettiva di esplorare l'amore in tutte le sue sfaccettature, va considerata anche questa possibilità: posso amare qualcuno del mio stesso sesso e instaurare una relazione romantica senza mettere in dubbio la mia eterosessualità? Questa è una delle domande che ci permetteranno di individuare il nord della nostra bussola. I punti interrogativi sono i nostri strumenti e la riflessione non è mai troppa se abbiamo l'obiettivo di instaurare una relazione felice con un partner, e prima ancora con noi stessi, per imparare a conoscere, esplorare e accettare anche le intrinseche contraddizioni che potrebbero essere presenti nella modalità con cui abbiamo rappresentato fino a oggi l'amore.

Nella letteratura sul tema, il poliamore viene inteso come moralmente superiore sia all'infedeltà nelle relazioni monogame, sia all'infelicità della monogamia fedele. Concetti come conoscenza e padronanza di sé, crescita individuale, onestà, comunicazione, consenso, empatia, integrità, uguaglianza, rispetto, fiducia, impegno e confini personali sono spesso invocati nel descrivere il poliamore.

I poliamoristi sono critici nei confronti di quella che è stata definita "mononormatività", ovvero la preferenza sociale (e l'unica possibilità legale di sancire giuridicamente un'unione) per le relazioni formate da due soli individui, o l'unica forma accettabile di relazione sessuale e romantica. Il poliamore è talmente diverso dalle relazioni romantiche consolidate e dalle forme familiari da averne creato una concezione nuova, e aver attribuito nuovi significati a quelle già consolidate. Un concetto importante nel poliamore è infatti quello di *compersion*, un termine che non trova una traduzione letterale nella nostra lingua, ma che è stato introdotto all'inizio degli anni Novanta a Kerista, una comune utopica di San Francisco, e che di fatto definisce il sentimento contrario rispetto alla gelosia. In buona sostanza la *compersion* indica la gioia provata da una persona quando il suo partner ha a che fare affettivamente e/o sessualmente con altre persone. La *compersion* sembra dunque riguardare un modo di amare meno possessivo, in cui non ci si sente costretti ad autoreprimersi e si tende a fare altrettanto con i propri partner. Non è impossibile sperimentare qualcosa di questo genere – certo, non è neppure semplice, né tantomeno necessario –, ma se lo si desidera è fondamentale abituarsi a considerare l'amore in un'ottica diversa rispetto a quella in cui prevale l'esclusività. Bisognerebbe infatti lasciare che facciano capolino emozioni di condivisione e di apertura tra le tante che ci fanno sperimentare l'autentica gioia per la felicità dell'altro, mettendo progressivamente da parte il desiderio di controllo.

Del resto, ed è un ragionamento che dobbiamo fare se vogliamo esaurire l'argomento, chi considera la gelosia un sentimento naturale e inevitabile (e perciò difficile, se non impossibile, da sradicare) è portato a ritenere il poliamore come una coercizione visto che, innescando inevitabilmente la gelosia, costringerebbe chi lo pratica ad accettare ciò che non è accettabile e a fingere di non sentire ciò che invece sente... Da farsi venire il mal di testa, eh?

LA NOSTRA BUSSOLA

Bene, dopo aver affrontato la definizione di amore, possiamo tirare le fila. Adesso è giunto il momento di individuare il vostro nord.
Io sono una grande amante di Charles Bukowski e uno dei suoi libri si intitola *A sud di nessun nord*, e il punto è proprio questo: senza nord non possiamo orientarci. Il nord è la direzione privilegiata dagli avventurieri, dai curiosi, dai solitari e dai temerari, ed effettivamente imbarcarsi nel viaggio verso un amore, oggi, può sembrare davvero un'impresa ardita, ma seguendo la bussola non rischierete di perdervi e farete un giro intorno al mondo del sentimento.
Cominciamo col dire che il primo consiglio è quello di dotarvi di carta e penna, meglio se un quadernino, così potrete appuntare le vostre riflessioni man mano che continuerete la lettura.
Ora iniziate a scrivere.
Indicate tre storie d'amore (della letteratura, del cinema, di persone a voi vicine, e via dicendo) che vi hanno colpito positivamente e descrivetele per come le conoscete. Poi fate la stessa cosa indicando tre storie d'amore che invece avete reputato brutte, cattive e sbagliate, e descrivete anche queste.
Confrontate le due categorie e cercate di individuare se, all'interno della stessa terna di storie, ci sono dei punti in comune. In caso, annotateli e teneteli da parte.
Ora concentratevi e cercate di definire con un'unica parola tre motivi per cui considerate "bella" oppure "brutta" una storia d'amore.

Una volta fatto questo, partendo dal confronto con le storie che avete descritto, avrete una maggiore chiarezza rispetto a quelle che a vostro avviso dovrebbero essere le caratteristiche di una relazione romantica.
Le relazioni sane tirano fuori il meglio dalle persone e le fanno sentire bene con se stesse. Una relazione sana non significa una relazione "perfetta". L'errore in cui non bisogna incappare è quello di lasciarsi condizionare troppo dal senso comune, o dalle storie che ci raccontano.
L'amore non è letteratura, né tantomeno conformismo. L'amore è quello che spiega la scienza, ma anche quello che chiunque può sperimentare stando con una persona, o con più persone, a patto di conoscersi bene. Non è un caso che io abbia speso un po'di tempo per parlarvi di qualcosa che forse potreste aver percepito come molto lontano dal vostro modo di interpretare l'amore, cioè il poliamore. Un altro passo nell'individuazione del vostro nord è quello di aprirvi a un interrogativo: come vi sentireste se il vostro partner vi dicesse di voler avere un'intimità affettiva e/o sessuale anche con altri? Lo riterreste accettabile? Lo preferireste all'inganno e alla menzogna? Non esiste una risposta più giusta di un'altra. Esistono solo le domande, quelle da porsi, che sono necessarie per poter affrontare al meglio la realtà nel modo più consapevole possibile.
Torniamo a noi. Ora vi indico un po' di caratteristiche che contraddistinguono le relazioni sane, insomma, il genere di relazioni cui si dovrebbe tendere.

Ritmo confortevole
La relazione dovrebbe svilupparsi a una velocità che risulti pia-

cevole e giusta per entrambi i partner. Insomma: senza correre troppo e senza neppure tirarla per le lunghe.

Fiducia

Dovete aver fiducia nel fatto che il vostro partner non farà nulla che possa ferirvi o rovinare la relazione.

Onestà

Dovete sentire di poter essere sinceri e schietti senza temere le reazioni del partner.

Indipendenza

Dovreste avere e coltivare lo spazio per essere voi stessi anche al di fuori della relazione.

Rispetto

Dovreste apprezzarvi reciprocamente, accettando le convinzioni e le opinioni l'uno dell'altro.

Uguaglianza

La relazione deve essere equilibrata ed entrambi i partner devono profondersi in ugual misura per far funzionare il rapporto.

Gentilezza

Voi e il vostro partner dovreste mostrarvi premurosi ed empatici e offrirvi l'un l'altro conforto e sostegno.

Responsabilità

Bisogna pensare e pesare le proprie azioni e parole.

Conflitto sano
Le discussioni devono essere sincere e rispettose. Problemi e disaccordi vanno gestiti in modo non giudicante.

Divertimento
È fondamentale che si abbia voglia di passare il tempo insieme e che si possa tirare fuori il meglio l'uno dall'altro.

2

CONOSCERSI E RICONOSCERSI: L'INIZIO DI TUTTO

L'incontro

«L'inizio di tutto», «È così che tutto è cominciato»: è in questo modo che ci riferiamo alle relazioni romantiche, con la parola "tutto". Ed ecco che questa nostra abitudine ci costringe subito a una serie di precisazioni. Sì, perché una relazione assorbe gran parte del nostro tempo e delle nostre energie, ma di certo non esaurisce la nostra intera esistenza. Senza tirarla troppo per le lunghe, è bene tener presente che le parole influenzano il nostro pensiero e che il nostro pensiero ha a sua volta ricadute sul nostro modo di agire. Il modo in cui noi pensiamo a una relazione amorosa coincide con il nostro linguaggio interiore, mentre la cognizione, ovvero l'attività mentale di cui talvolta non siamo coscienti, determina il modo in cui elaboriamo, comprendiamo e memorizziamo le informazioni percettive con cui pianifichiamo e programmiamo ciò che diciamo o facciamo. La cognizione di ciascuno di noi non può essere osservata direttamente, la si può solo dedurre. È questa a influenzare la modalità attraverso cui ci formiamo le impressioni sull'altro, e nell'incontro le impressioni rivestono un ruolo di cruciale importanza.

In un'altra epoca il concetto di incontro avrebbe certamente rimandato a un appuntamento – programmato o meno, ma rigorosamente *de visu* – che avviene in un preciso momento e in uno spazio fisico ben definito. Oggi, complici i tempi mutati e il cambiamento delle nostre abitudini, non è più così e l'incontro, molto spesso, è virtuale. Solo in un secondo momento, o a volte mai, può tramutarsi nel prodromo di ciò che intendiamo qui. La nostra è un'era di gratificazione istantanea: quando siamo online, se qualcosa o qualcuno non ci coinvolge subito, possiamo accantonarlo in una frazione di secondo e passare alla pagina successiva. Siamo sempre alla ricerca di ciò che soddisfa con precisione i nostri gusti, i nostri interessi e le nostre aspettative e pensiamo che lo riconosceremo immediatamente. Sperimentiamo queste connessioni fulminee con i media o con alcuni prodotti di consumo, ma purtroppo può capitarci di traslare inconsciamente questa mentalità consumistica anche nelle relazioni con gli altri. Inutile dire che per i rapporti interpersonali questo metodo non funziona altrettanto bene.

Infatti, quando conosciamo qualcuno e cominciamo a relazionarci con lui, i nostri scambi possono risultare un po' lenti e poco disinvolti, ed è possibile confondere questo impaccio con una mancanza di compatibilità. Le persone sono caute e talvolta non sempre a proprio agio nella conversazione, specie se non sono in particolare confidenza con l'interlocutore, e questo può far passare in secondo piano una potenziale connessione tra loro. Spesso sono necessari più incontri, nonché un cambiamento nelle circostanze in cui si interagisce, affinché emergano punti in comune e sia finalmente possibile affrontare conversazioni più profonde.

Quante volte vi è capitato di chiacchierare superficialmente per mesi (o anni) con un collega o un vicino di casa e poi scoprire per caso di condividere un hobby, una passione, una particolare visione del mondo e da quel momento cominciare a costruire un rapporto d'amicizia? Ho osservato questo fenomeno diverse volte nella mia vita personale e professionale, e da questa esperienza ne ho tratto quella che dovremmo chiamare la "regola dei tre incontri". Ritengo infatti che ci vogliano almeno tre incontri, e con questo intendo interazioni intenzionali, per appurare se c'è il potenziale per una relazione (di amicizia o sentimentale) con un'altra persona.

Ma facciamo un piccolo passo indietro per capire come funzionano le impressioni che ci formiamo sugli altri. Anzitutto sono spesso unite all'insieme di sentimenti ed emozioni di quel momento o periodo di vita, tanto che di frequente i nostri giudizi sociali riflettono il modo in cui "la pensiamo" in un determinato periodo. Quando descriviamo qualcuno, anche appena conosciuto, inevitabilmente tendiamo a usare sin da subito alcuni tratti della personalità che sono in un certo senso pregnanti, per esempio simpatico, generoso, timido, allegro. Questi tratti che noi riconosciamo li associamo automaticamente ad altre caratteristiche e ad altri tratti, in base al nostro personale sistema di valori: il tratto per esempio della timidezza potremmo associarlo alla fragilità, oppure alla riservatezza o alla sensibilità, e ogni associazione concorre alla formazione della nostra, personale, impressione di una persona. Un altro aspetto da tenere a mente per comprendere le ragioni della riuscita o meno di un incontro è dato dalle prime informazioni che abbiamo sull'altro (effetto primacy). In sostanza, nel valutare una persona appena conosciuta, il nostro giudizio è fortemente condizionato e orientato dalle primissime informazioni che riceviamo su di lei. (Esiste anche un effetto recency, ovvero quello costituito da un'influenza maggiore delle informazioni fornite per ultime nella creazione di un'impressione, ma il primo è più frequente, e Asch ha dimostrato come le persone tendano a sviluppare un'impressione più favorevole di qualcuno descritto come intelligente, operoso, impulsivo e critico – tratti positivi i primi, negativi i secondi – rispetto a quando l'ordine era invertito.)

Possiamo quindi dire che la prima impressione conta davvero e, visto che nel conoscere qualcuno le prime informazioni le traiamo dal suo corpo, è plausibile ritenere che l'aspetto fisico abbia un effetto primacy. Di certo a nessuno piace pensare di essere il tipo che giudica il libro dalla copertina e tendiamo a reputare superficiale questo tipo di atteggiamento, ma in un primo incontro anche l'esteriorità ha un suo peso ed è importante avere contezza di questo nostro meccanismo, proprio per imparare a individuare (e arginare) i pregiudizi che potrebbero precluderci la possibilità di conoscere più approfonditamente una persona. Si evince dunque che, invece di dissipare le proprie energie in una serie di primi (e ultimi) appuntamenti, la strategia migliore è investire di più nelle singole frequentazioni, perché solo così si può appurare se esistano i presupposti per una relazione a lungo termine.

Gli studi dimostrano infatti che quando le persone incontrano gli altri per la prima volta, si trovano per lo più d'accordo su chi reputano desiderabile e chi no. In parole povere, se prendiamo un campione di persone e facciamo loro conoscere un altro campione di persone, chiedendo poi di giudicare queste nuove conoscenze su punti come la bellezza, lo status, la simpatia, l'affidabilità e la capacità di impegnarsi in una relazione romantica soddisfacente, le risposte tenderanno ad assomigliarsi un po' tutte. Tuttavia, se i due gruppi continuano a incontrarsi (e quindi a conoscersi meglio), le valutazioni cominceranno a differenziarsi sempre di più. Questo perché ciò che le persone imparano l'una dall'altra colora e trasforma le percezioni.

Quando si tratta di valutare un potenziale partner abbiamo tutti le nostre idee e idiosincrasie: ciò che per qualcuno costituisce un valore o una qualità irrinunciabile può risultare irrilevante, se non addirittura indigesto, a un altro. Al di là della scala di valori e preferenze personali, i tratti a cui le persone attribuiscono maggiore importanza al primo incontro (bellezza, nelle donne; status, negli uomini) tendono a perdere importanza col tempo, mentre ad assumere valore, man mano che ci si conosce, sono le specificità alla base della compatibilità e del successo a lungo termine della relazione.

Provate a ripensare alla vostra adolescenza: magari per un certo periodo ad attrarvi è stato qualcuno bello e popolare, ma poi la cotta si è spenta quando lo avete conosciuto meglio e avete avuto modo di appurare che i vostri caratteri e i vostri modi di vedere la vita erano incompatibili. Magari vi è capitato di sperimentare anche il processo inverso: con qualcuno che non avete notato subito, ma da cui vi siete sentiti sempre più affascinati man mano che avete avuto modo di scoprirlo.

Le nostre valutazioni sulle persone cambiano notevolmente nel tempo, e ciò spiega come mai la maggior parte di noi inizi una relazione romantica con qualcuno che conosce. Molte relazioni sentimentali, quindi, nascono tra due amici o conoscenti che si frequentano da un certo tempo, anche se magari in maniera non approfondita, che comprendono e tendenzialmente condividono le reciproche idiosincrasie e all'improvviso vengono colpiti da una scintilla che li spinge a cambiare la loro percezione e a vedersi in modo diverso, un nuovo modo del tipo «Ehi, mi piace questa persona».

Eppure nell'era di Tinder, con la potenziale facoltà di avere tutti i primi appuntamenti che si vogliono – nemmeno si trattasse di un *all you can eat* –, le persone si aspettano di andare da 0 a 100 con uno sconosciuto già al primo incontro. Immaginano di veder volare scintille dal primo momento in cui poseranno gli occhi su un individuo visto solo sul telefono. Può succedere, ma anche no, e in questo secondo caso ciò non significa necessariamente che tra quelle due persone non vi sia la minima possibilità di costruire una relazione. Possiamo essere pessimi giudici quando si tratta di valutare il potenziale di una relazione con qualcuno che abbiamo appena incontrato, specialmente al primo appuntamento, quando le persone possono presentarsi rigide, nervose e goffe. Certo, gran parte dell'attrazione fisica è istintiva, ma sono più importanti le caratteristiche che potrebbero renderci compatibili in modo univoco con qualcuno e che per emergere hanno bisogno di più tempo (e quindi di più di un appuntamento). Si tratta perciò di valutare la possibilità di un investimento intenzionale (di tempo, di energie, di pazienza...) nell'incontro, perché è lì che possono nascondersi alcune piacevoli sorprese.

Ovviamente questo non è un diktat, non vale universalmente e non è una sentenza scolpita nella pietra; a volte ci basta davvero una sola uscita per capire senza ombra di dubbio che una certa persona non è in alcun modo giusta per noi, mentre altre volte ci vogliono più di tre incontri per renderci conto che vale la pena scommettere su una frequentazione. Nel primo caso, non dobbiamo incaponirci e sprecare tempo infilandoci in quello che è chiaramente un vicolo cieco. Ma il messaggio che mi preme far passare è che non dobbiamo traslare nelle relazioni interpersonali la stessa logica del "mi piace/non mi piace" che abbiamo online: se siamo indecisi riguardo a qualcuno, se c'è la possibilità che tra noi possa funzionare, ma non ne siamo sicuri, allora può essere opportuno investire un po' di tempo e di energie per appurarlo.

Invece di spazzare via all'istante potenziali amici e amanti, investiamo un po' in loro e soprattutto in noi, perché è in questo modo che possiamo scoprire le relazioni più ricche della nostra vita.

La seduzione

Seduzione è parola e comportamento, magia, gioco e arte nello stesso tempo. A differenza di quanto si pensa, la seduzione non riguarda soltanto l'ambito sessuale o amoroso perché noi, volenti o nolenti, siamo inclini a sedurre in ogni ambito della vita e in ogni contesto in cui più o meno consciamente desideriamo ottenere qualcosa. L'etimologia del termine può venirci in aiuto: il verbo "sedurre" deriva dal latino *se-* (via, fuori) e *ducere* (condurre), e significa letteralmente "condurre fuori dal retto cammino". Metto subito le mani avanti: non è il caso di storcere il naso, qui non si tratta di condizionare o plagiare un'altra persona con l'intento di distoglierla dalla sua strada per il nostro tornaconto. L'interpretazione della seduzione non ha una valenza negativa: significa sostanzialmente affascinare, non ha un'intenzione malevola (in caso contrario parleremmo di "manipolazione") e ha un'accezione neutra. La seduzione è molto importante perché proprio da questa dipende gran parte della felicità umana.

Le persone mi parlano spesso di cosa vogliono dalla vita e di ciò che non riescono a ottenere, e non di rado sono molto frustrate: magari vogliono uscire con qualcuno, oppure vogliono una Lamborghini o un conto bancario da nababbi. Si dilungano sempre su cosa vogliono e cosa non riescono a ottenere, ma quello su cui non si soffermano mai è cosa devono dare in cambio per ottenere ciò che vogliono.

Nell'essenza stessa della vita è nascosto un principio che non ci piace considerare: ovvero che tutto è sostanzialmente basato sulla transazione. Insomma, una specie di prelievo al bancomat. Per ottenere ciò che si vuole dal mondo e dalla vita dobbiamo prima essere in grado di dare qualcosa che il mondo ci chiede. Vi svelerò un piccolo segreto che le persone più di successo del pianeta già conoscono intuitivamente, e cioè che la vita è tutta una seduzione. Dobbiamo sedurre il mondo e le persone che lo abitano e sedurre la vita stessa affinché ci dia le cose che vogliamo. Dobbiamo, in sostanza, farle l'occhiolino, perché magari "ci sta", e per sedurre con successo dobbiamo presentare al mondo l'offerta giusta.

Vedete, in linea generale, dobbiamo sedurre costantemente i nostri amanti, ma in senso non erotico dobbiamo sedurre pure i nostri amici e i nostri colleghi. Persino questo manualetto è sostanzialmente un esercizio di seduzione, in un certo qual modo sono qui per presentarvi l'offerta giusta affinché voi restiate con me, continuando a leggere, a riflettere e a interrogarvi per poi trovare risposte e strumenti. Quelle che sto per offrirvi non sono soluzioni passe-partout, ma spunti di riflessione e sentieri da percorrere. So che questa precisazione deluderà molti di voi, che magari per un attimo hanno sperato di trovarsi davanti un rapido prontuario su come diventare maestri di seduzione nel senso erotico del termine. Ma la buona notizia è che sì, alcune delle cose che sto per dirvi potranno tornarvi utili.

Partiamo da un assunto che, sono pronta a scommetterci, vi migliorerà l'umore: chiunque di noi, a prescindere dal proprio aspetto, può diventare più seducente. Trovo che la maggior parte delle persone abbia un'autostima piuttosto bassa quando si tratta di seduzione, in un certo senso tendiamo a demoralizzarci, dicendoci: «Non posso essere davvero figo». Ma un aspetto sorprendente nella psicologia sociale applicata alla seduzione è proprio che ognuno di noi può diventare magnetico.

La seduzione (sul piano psicologico e nell'accezione più comune del termine) ha a che fare con la capacità di suscitare attrazione per avere un incontro erotico o stabilire una qualsivoglia forma di legame con un'altra persona; comprende perciò una serie di comportamenti che aiutano a migliorare l'intimità o a facilitare la conquista. Il corteggiamento, per quanto questo termine possa sembrare oggi abbastanza rétro, è un chiaro esempio di seduzione. Già questo ci consente di capire come la seduzione non abbia una forma standard, definita e univoca per tutti, ma raccolga una serie di atteggiamenti, approcci e strategie estremamente variegati e personalizzati. Non mi credete? Provate a immaginare la pluralità di modi in cui ognuno di noi ha corteggiato o è stato a propria volta corteggiato da un ammiratore o da un'ammiratrice... Fiori, lettere, regali, canzoni dedicate, playlist condivise, e chi più ne ha più ne metta! L'elenco di azioni è potenzialmente infinito! Inoltre, cosa importantissima, ciò che va bene a qualcuno (una serenata, una dichiarazione pubblica) può non funzionare per qualcun altro.

Pensiamo, poi, a quanto è cambiato il corteggiamento. Fino a non troppi decenni fa era una prerogativa maschile, mentre adesso (per fortuna!) non più. Anche le donne corteggiano e a volte lo fanno molto meglio degli uomini. Il corteggiamento "antico" aveva una sua forma peculiare che era quella epistolare e che qualcuno ricorderà in maniera nostalgica; oggi una lettera scritta a mano ha un valore immenso se ricevuta da una persona che accende il nostro desiderio. Un messaggio sui social ha lo stesso intento e la stessa idea di base di una lettera scritta a mano, ma ha un'attrattiva decisamente inferiore. Qual è la differenza? Semplice: l'impegno. Magari oggi sedurre e corteggiare può sembrare più semplice, perché ci sono moltissimi canali con cui entrare in contatto con le persone che ci interessano, ma si corre il rischio di far rimanere il rapporto su un livello molto superficiale. Perciò, parafrasando Califano, se volete fare centro il primo trucco è discostarvi dall'effimero. Puntare alla sostanza.

Sedurre è un gioco e il gioco è un buon mediatore della realtà, come insegnano alcuni pedagogisti: il gioco, cioè, è da considerare come uno strumento attraverso cui si può esplorare e soprattutto riflettere sulla propria esperienza della realtà. In questa accezione ha un valore educativo, ma soprattutto diventa un potente veicolo di apprendimento. A volte è piacevole e divertente, altre piuttosto frustrante. L'importante è comprenderne le regole e attenervisi per ciò che riguarda rischi, limiti e soprattutto tempi. Il primo aspetto da tenere in considerazione è dato perciò dalla conoscenza di noi stessi, che ci permette di decidere fino a che punto spingerci avendo ben chiaro cosa ci piace e cosa no, consapevoli del fatto che ci sono contesti in cui abbiamo una maggiore capacità di espressione e altri in cui faremo più fatica a tirare fuori le nostre carte migliori. Strettamente legata a questo punto è la capacità di gestire le aspettative: l'ideale sarebbe mantenerle realistiche – in modo che una delusione non ci faccia sprofondare nella frustrazione – e, al contempo, non troppo basse, in modo da conservare un atteggiamento fiducioso.

Non è un caso se all'inizio ho parlato di "arte", perché una componente fondamentale dell'arte – così come del gioco – è la creatività, che sul piano psicologico è sovrapponibile alla capacità di risolvere problemi in modo non convenzionale, adottando strategie inedite ed efficaci. Quando dopo l'incontro decidiamo che è arrivato il momento di iniziare il gioco, premiamo start sul nostro controller, ma è opportuno farlo avendo ben chiari quali sono gli aspetti e i rischi in ballo perché, se non li valutiamo con attenzione, rischiamo di imboccare una strada senza uscita in cui la soddisfazione è nettamente inferiore alla sofferenza. La cosa buona è che, a differenza di quanto avviene in altri giochi – il tennis, per esempio – in cui se uno vince l'altro perde, nella seduzione si può vincere in due.

Arriviamo adesso a un punto importante, ovvero quello in cui sfatiamo un mito circa la presupposta scientificità delle strategie di seduzione: in una relazione interpersonale le variabili che entrano in campo sono talmente tante da tendere all'infinito, perciò, data l'impossibilità di controllarle tutte, non esiste alcun consiglio infallibile. Esistono però delle variabili determinanti e conoscerle, per quanto non sia garanzia di successo, ci permette di partire, se non un po' avvantaggiati, almeno più consapevoli.

Ecco la prima: per sedurre ci vuole attenzione! Sì, perché l'attenzione ci permette di separare ciò che è importante da ciò che non lo è. È grazie a questa se siamo in grado di concentrare le nostre risorse cognitive su aspetti rilevanti (come per esempio il tipo di comunicazione da adottare con l'interlocutore) e al contempo possiamo isolare gli stimoli non rilevanti (le notifiche dello smartphone).

La seconda variabile è la percezione (ovvero la capacità di ottenere informazioni sull'altro attraverso l'uso dei sensi), che ci consente di elaborare e interpretare alcuni segnali al fine di scegliere il modo migliore per interagire con l'altro. Immaginate per esempio quando deliberatamente vi avvicinate ai capelli di qualcuno per annusarli e poi fate un complimento sulla fragranza, o quando "inavvertitamente" sfiorate la mano nell'intento di prendere un oggetto dal tavolo... ognuno di questi gesti produce una percezione, in voi e nell'altro. E nel gioco funziona.

C'è poi anche la memoria, perché, se è importante ottenere informazioni sull'altro per sedurlo, lo è ancor di più la capacità di conservare queste informazioni al fine di saperle poi riutilizzare. E la motivazione: quante risorse intendete usare per raggiungere il risultato? Più è elevata, maggiore è l'impegno che saremo disposti metterci.

Si ha poi l'aspetto che più di ogni altro è significativo quando si parla di relazioni, visto che ne costituisce l'essenza: le emozioni. Indispensabili, perché in loro assenza non inizia neppure il gioco.

Possiamo individuare tre fasi chiave in una relazione: attenzione, interesse e mantenimento. Facciamo un esempio pratico. Una donna entra in un bar e vede un uomo molto affascinante. L'uomo ha attirato la sua attenzione e lei spera che l'attrazione sia reciproca. Va da lui e prova ad attaccare bottone. I due si conoscono ed entrano nella fase di interesse. La donna ha premuto il famoso start sul suo controller e lo ha fatto scegliendo un ruolo attivo, un meccanismo che magari è dettato dalla sua personalità e le fa assumere il ruolo del "desiderante". Fa il primo passo, comunica in modo diretto e forse, dopo alcuni giorni o settimane, potrebbe passare alla fase di mantenimento, che è una sorta di impegno con un termine un pochino più esteso.

Il punto chiave di questa schematizzazione, utilissima per comprendere le relazioni – siano esse lavorative, amicali o romantiche – è che sono richieste competenze diverse a seconda della fase in cui ci si trova. Quante volte ci è capitato di stupirci perché un conoscente che reputiamo molto interessante è ancora single? Be', forse dipende dal fatto che questo nostro conoscente è molto bravo a suscitare interesse e molto meno a mantenerlo.

A scanso di equivoci, se stasera entrate in un bar e tirate a caso, be', questa non è seduzione. Possiamo parlare di seduzione quando incontriamo qualcuno che è disinteressato o solo moderatamente interessato a noi, e tuttavia riusciamo ad accendere il suo desiderio. Il problema con il mondo moderno e con i siti web, le app di incontri e i social media in generale è che in un certo senso stiamo perdendo l'idea di seduzione e non sappiamo più corteggiare... inutile precisare che le implicazioni sociali non sono proprio rassicuranti.

Forse il caso più eclatante di persona incredibilmente abile nelle prime due fasi è Casanova, il notissimo avventuriero veneziano del XVIII secolo. È suo il consiglio finale che voglio darvi per arrivare al cuore del segreto della seduzione. Leggenda vuole che il nostro seduttore potesse entrare in qualsivoglia salotto (a Venezia come nel resto d'Europa), scegliere una qualunque donna e semplicemente parlarle per farla letteralmente cadere ai suoi piedi e avere la chiave della sua camera da letto. La verità non è proprio questa: quando Casanova notava una donna che suscitava il suo interesse, profondeva moltissimo impegno nel corteggiamento prima di avere finalmente successo.

Ma visto che un esempio può essere più utile di mille pagine di teoria, analizziamo una delle conquiste di Casanova per capire quanto seduzione e corteggiamento risultino indissolubilmente legati. Una sera l'avventuriero vide una bellissima attrice che aveva un difetto di pronuncia per la lettera R. Senza interagire veramente con lei, pur desiderandola moltissimo, Casanova girò i tacchi, tornò a casa e fece qualcosa che definirei esilarante. Trascorse i tre giorni e le tre notti successivi a scrivere un'opera teatrale con una caratteristica a dir poco unica: non conteneva neppure una parola con la lettera R.

A quel punto presentò il suo spettacolo all'attrice e la seduzione come per magia avvenne. Ora domandiamoci: se il protagonista della nostra storia non fosse stato il più grande seduttore di tutti i tempi ma un altro veneziano, un uomo "normale", cosa avrebbe potuto dire alla bella attrice? Forse: «Sai, ho visto il tuo spettacolo e... se sei interessata, conosco il miglior logopedista di Venezia...». Poverino, magari avrebbe anche potuto pensare di aver fatto la cosa più giusta, d'altra parte nessuno può negare che la logopedia sia pragmaticamente più utile a un'attrice rispetto a un'opera teatrale senza parole con la lettera R... Però, quale messaggio sta dando il nostro veneziano? È come se stesse dicendo alla donna che vuole conquistare: «Hai un difetto che deve essere risolto, ti dico io come fare così poi potremo stare insieme». Sarete d'accordo con me che non è un messaggio particolarmente sexy. Tuttavia è più o meno quello che comunichiamo a molte persone per la maggior parte del tempo.

Cosa dice invece l'opera teatrale senza parole con la lettera R, oltre a testimoniare che il nostro Casanova è stato disposto a passare tre giorni e tre notti a scrivere una commedia per una donna che conosceva appena? «Non cambiare nulla di te! Sei perfetta così come sei. E il mio compito è aiutare il mondo a riconoscere la perfezione che vedo in te.» Questo sì che è un messaggio seducente! L'altra caratteristica che possiede l'opera di Casanova è questa: è estremamente specifica e personale, non è che può essere riciclata per qualcun'altra! L'attrice quindi è gratificata dal fatto che Casanova è interessato proprio a lei.

Ma ecco il punto finale, e anche il messaggio più importante nei termini di ciò che la psicologia può aiutarci a comprendere rispetto alla seduzione: ciò che Casanova ha fatto brillantemente è stato soddisfare un bisogno insoddisfatto. Scolpitevelo nella memoria! L'attrice sa benissimo di avere un difetto di pronuncia e che quindi, per brillare, avrebbe bisogno di parti senza la lettera R; Casanova ha compreso tale necessità e l'ha soddisfatta in modo più creativo e completo di quanto nessuno avesse mai fatto prima.

Troppo spesso anche nel momento in cui qualcuno ci piace, quando proviamo interesse o semplicemente siamo solleticati dall'idea di un fugace flirt, non siamo in grado di trasmettere all'altra persona due cose fondamentali: curiosità e apprezzamento. È come se mettessimo sempre le mani avanti, perché in fondo siamo pervasi dall'idea che ci sia comunque un "qualcosa da cambiare" nell'altro, prima di poter manifestare un'intenzione e tramutarla in azione. Se mi avete seguita fin qui, avrete certamente capito quanto ciò sia scoraggiante e talvolta respingente per il nostro interlocutore. In fondo, a chi piacerebbe sentirsi "non totalmente adeguato per qualcuno o per qualcosa?". Ve lo dico io, a nessuno! Eppure ci cadiamo sempre, ma sapete perché? La risposta è di una semplicità disarmante: in fondo, anche quando vogliamo sedurre, non sempre siamo in grado di discostarci da un'idea precostituita della persona che abbiamo di fronte. Invece, se sarete capaci di individuare l'unicità di qualcuno e soddisfarla in un modo in cui non è mai stata soddisfatta prima, riuscirete a vincere il gioco della seduzione.

L'idealizzazione

Il processo di idealizzazione è quel potente fenomeno che ci convince che il nostro partner, o quello che vorremmo diventasse tale, è in assoluto il migliore. Quando ci innamoriamo, infatti, crediamo di aver trovato la nostra metà perfetta, una persona insostituibile e giusta per noi. L'innamoramento, in un certo senso, porta proprio a rifiutare l'idea che gli individui siano intercambiabili ed è in questo modo che l'amore diventa una celebrazione di ciò che è unico, addirittura sacro, nella vita umana.

Poiché però la maggior parte di noi ha bisogno di sentirsi speciale agli occhi di qualcuno, quando si verifica questa attrazione iniziale il tutto è piuttosto avvincente. Insomma, non ditemi che non vi è mai successo. Vi faccio un esempio di quelli tipici, direi da commedia americana. Lei esce di casa con la pioggia battente, non proprio vestita a festa; dall'altra parte della strada qualcuno la chiama: lei alza gli occhi e si ritrova davanti un vecchio amico, per inciso bellissimo, che non vedeva da tanti anni. Due chiacchiere, uno scambio di numeri di telefono, un fugace racconto delle proprie vite e dopo meno di una settimana l'uscita. Ci si piace, ci si confronta, si ride un po' e si finisce come tutti immaginiamo. L'attrazione è lì, nell'aria e a fior di pelle, ma a rinforzarla è proprio il fatto che attraverso lo scambio e nell'incontro ci si restituisce vicendevolmente il senso di essere speciali per qualcuno e anche la sensazione di aver trovato quel qualcuno che tanto si stava aspettando. Questo è quello che pensiamo, ma potrebbe essere così solo nella nostra testa o, per meglio dire, nella nostra idealizzazione: la persona che abbiamo trovato è la persona più meravigliosa al mondo e per di più, se siamo fortunati, prova la stessa cosa per noi.

La prima fase dell'amore romantico è quindi possibile proprio grazie all'idealizzazione, un atto di esagerazione immaginativa che include sempre una sorta di desiderio. Un desiderio collegato a un qualche nostro bisogno insoddisfatto e che la persona di cui siamo innamorati – ecco che entra in gioco l'idealizzazione – potrà appagare.

Nella fase iniziale dell'amore, l'idealizzazione ci fa sperare in una vita nuova e migliore, in un partner che correggerà vecchie esperienze e guarirà antiche ferite. L'amore fa nascere anche una sintesi creativa, in cui possono verificarsi nuove possibilità, in cui i partner si impegnano a favorire la crescita dell'altro. L'amore idealizzato crea eccitazione e senso di pace, connessione e permanenza. L'idealizzazione ci dice sostanzialmente che in due "si può fare di più", cioè più di quanto possiamo ottenere da soli.

Tuttavia, è impossibile prevedere il destino a lungo termine dell'amore idealizzato. Può preservarsi, diminuire o svanire completamente. Quando l'idealizzazione del partner non è eccessiva, il rapporto e l'amore possono approfondirsi e maturare, in caso contrario, se l'idealizzazione è esagerata (o addirittura patologica), maggiore sarà la disillusione. È probabile quindi che in questo caso all'innamoramento segua un'amara delusione.

Quando chiedo ai miei assistiti rimasti scottati da una delusione sentimentale se all'inizio della relazione in questione erano preoccupati da qualcosa, di solito – pur se riluttanti – mi rispondono di sì. E le loro parole sono invariabilmente le stesse: «Ma pensavo di poterlo cambiare». Ora, per quanto dura, la verità che dobbiamo imparare ad accettare è che non possiamo cambiare le persone. Soprattutto se l'altro non reputa problematico il tratto che noi consideriamo negativo.

Vi faccio un esempio per farvi capire il modo in cui spesso l'eccessiva idealizzazione di una persona può portarci a dare a tutti i costi una connotazione positiva a un comportamento negativo. Poniamo che abbiate trovato un partner generoso e intelligente, ma con difficoltà a gestire la rabbia. Potreste tentare di spiegarlo raccontandovi che è talmente intelligente da non poter essere biasimato per la sua frustrazione quando le persone che lo circondano fanno cose stupide. In parole povere, il tratto o il comportamento negativo viene spiegato in termini positivi. Il rischio insito in questo genere di ragionamento è che quando la persona in questione riverserà la sua rabbia contro di voi, lo giustificherete sostenendo che la responsabilità è vostra, perché magari avete fatto qualcosa di sciocco. In questo modo, salvaguarderete l'immagine idealizzata del vostro partner, a scapito della vostra autostima. Un prezzo pericolosamente alto da pagare per mantenere il sentimento d'amore e, fuori dai denti, permettetemi di dirvi che lo ritengo troppo elevato. Perché? Perché là fuori ci sono un sacco di persone veramente buone, solidali e compatibili con voi.

Il motivo per cui idealizziamo eccessivamente, ignorando o tendendo a sottovalutare i tratti negativi del nostro partner, è frutto di un compromesso con alcuni intimi bisogni, quindi adattiamo forzatamente quella persona a un'immagine idealizzata, a prescindere da come effettivamente è. Il problema è che ogni volta che dobbiamo ignorare una parte della realtà corriamo il rischio di rimanere delusi a lungo termine. Senza contare che questo modo di ragionare si trasforma presto in un circolo vizioso.

Nel normale corso di una relazione, le passioni aumentano e diminuiscono. Imparare a risolvere i disaccordi attraverso la mediazione, mantenere un senso di rispetto e reciprocità, riconoscere le imperfezioni dell'altro sono pratiche che contribuiscono notevolmente all'instaurazione di relazioni veramente amorevoli. Quelle a lungo termine di maggior successo sperimentano rinascite di intensa attrazione e apprezzamento per tutta la durata della vita, a volte più profonde rispetto ai primi tempi della frequentazione. Relazioni che garantiscono il soddisfacimento di tanti bisogni per tutta la loro durata.

Sentirci amati per quello che siamo, nel bene e nel male, è un'idea potente che suscita l'incantesimo e la fiducia nell'altro. L'energia dietro questo incantesimo è il nostro bisogno inconscio di ritrovare i nostri genitori (cioè replicare le modalità di relazione tra noi e loro e i loro modi di soddisfare i bisogni affettivi), ricreare la nostra infanzia e risolvere positivamente i nostri problemi passati curando le ferite. Tuttavia gli incantesimi non funzionano sempre. Gli altri non possono risolvere i nostri problemi, né possono riempire i nostri vuoti, far sparire con un colpo di bacchetta le nostre cicatrici o permetterci di riscrivere il passato. Questa capacità l'abbiamo solo noi. Per questo è tanto importante comprendere come funziona l'idealizzazione: solo così possiamo riuscire a bilanciarla e a mantenerci lucidi nel "vedere" com'è realmente l'altro e capire a quale nostro bisogno soggettivo sta rispondendo.

La maggior parte di noi crede e spera che là fuori ci sia qualcuno fatto apposta per noi. Un partner intimo con cui condividere corpo, mente, desideri e paure. Questa convinzione è guidata del desiderio spesso inconscio di trovare chi sarà disposto a scoprire e a conoscere il bene e il male in noi e – attraverso l'accettazione incondizionata di ciò che siamo – compensare, guarire e placare quello che dentro di noi è stato sminuito, frammentato e ferito. La redenzione attraverso l'altro, inteso come partner intimo, è un'idea potentissima che non può lasciarci indifferenti. Cosa c'è di più liberatorio e confortante che essere conosciuti e amati esattamente per quello che siamo?

Quando l'incantesimo d'amore funziona, il sesso e l'intimità fisica (che è una parte sostanziale dell'amore romantico) ci aiutano a dimenticare, o a dare meno spazio nella nostra mente e nelle nostre emozioni, a pensieri che ci fanno sentire fragili, annoiati talvolta, o addirittura oppressi o appesantiti. Nell'amore sperimentiamo unità e condivisione, e ci "dimentichiamo" delle incombenze noiose e spiacevoli della quotidianità.

Desideriamo stare con "la nostra metà", rinunciando agli amici, al lavoro e alle routine consolidate. I pensieri limitati della coscienza razionale vengono messi in dubbio. Sperimentiamo noi stessi oltre questa coscienza, fluttuando, spinti da sensazioni, emozioni e pensieri che fanno sentire l'impossibile alla nostra portata. Accanto a chi amiamo, possiamo realizzare i nostri sogni.

Purtroppo sappiamo, probabilmente per esperienza personale, che questo stato di grazia non dura a lungo. A poco a poco o a causa di un improvviso ravvedimento, cominciamo a notare che la persona amata non è affatto perfetta come pensavamo che fosse. Non soddisfa tutti i nostri bisogni, né riesce stabilmente a sopire quel senso di disagio, dubbio e insoddisfazione che ribolle sotto la superficie della nostra vita. Ha abitudini, modi di fare e credenze talvolta fastidiosi. Quando è frustrata si dimentica di noi, smettiamo di essere al centro della sua attenzione e anche lei finisce per non essere più al centro della nostra; le vulnerabilità che condividevamo nella fiducia reciproca ci ritornano in faccia nella forma di difetti, sono patate a volte talmente bollenti da farci temere il fallimento della relazione stessa.

Poi, quando il sesso non è più eccitante come ai primi tempi e dobbiamo ancora avere intimità con il nostro partner, questa vicinanza corporea inizia a ricordarci nuovamente l'imperfezione del corpo (il suo e il nostro). Tutto ciò che rendeva incontrovertibilmente unico il nostro amante e che ci attirava si trasforma in peculiarità da ritoccare. Ed è così che dal desiderio di sedurre l'altro si passa a quello di correggerlo.

L'inganno

L'Altro (con la A maiuscola, ben diverso dagli "altri" con la minuscola) è qualcuno che genera in noi una forte emozione e una compulsione all'attaccamento.

Infatuazione, adorazione e fedeltà incondizionata caratterizzano l'amore idealizzato per questo Altro e, quando ne siamo preda, ci fanno diventare vulnerabili all'ossessione (ho bisogno di te), all'eccessiva identificazione (il tuo successo o i tuoi fallimenti sono anche i miei), sbalzi d'umore (spesso con tratti passivo-aggressivi), eccesso di zelo (ogni tuo desiderio è un ordine) e talvolta depressione (sei tu quello importante).

Per rompere questo circolo vizioso dobbiamo per prima cosa analizzare le nostre motivazioni e riconoscere il processo e lo scopo di questo amore ingannevole.

Per farvi capire il nesso che lega l'iper idealizzazione e l'inganno farò ricorso a un'altra storia celebre, quella del mago di Oz. Dorothy, la protagonista, supera una serie di avventure affinché il celeberrimo mago esaudisca il suo desiderio di tornare a casa in Kansas e quelli dei suoi amici. Alla fine, però, scopre che il mago è solo un vecchio che crea immagini di un essere potente attraverso un proiettore cinematografico. La disillusione è tanto forte da spingerla ad accusarlo rabbiosamente di essere un uomo cattivo. Lui risponde qualcosa del tipo: «Oh, no, mia cara... sono un uomo molto buono. Sono solo un mago molto cattivo».

Il "meraviglioso mago di Oz" è in realtà un truffatore del Nebraska che, scambiato per mago, ha fatto semplicemente del suo meglio per sostenere questa convinzione, che viene poi perpetuata e ingigantita dalla gente di Oz.

Esattamente come il mago di Oz, l'Altro idealizzato è una persona comune, proprio come noi. È attraverso il nostro agire e i nostri convincimenti che lo trasformiamo nell'Altro che cerchiamo. A volte questo processo è agevolato dal desiderio egotico del destinatario del nostro amore di essere "speciale", come per esempio avviene per i narcisisti, ma quando scatta il meccanismo dell'idealizzazione siamo vittime di un grande inganno che ci conduce in uno stato di sottomissione e resa nella convinzione che l'Altro sia in grado di salvarci dal dolore e dalle insicurezze. La sottomissione è una risposta cerebrale che corrisponde al modello di congelamento (che fa parte delle risposte attacco-fuga-congelamento al pericolo): ciò che "congeliamo" sono i nostri bisogni, verità ed esperienze per concentrarci sull'Altro.

Nel corso della nostra evoluzione, le risposte fondamentali di attacco-fuga-congelamento si sono traslate sul piano della relazione in altrettanti modelli: il "movimento contro" corrisponde alla risposta di attacco, l'"allontanamento" a quella di fuga e il "movimento verso" al congelamento ("stare", dal punto di vista relazionale, significa sviluppare un'attenzione sana o eccessiva nei confronti dell'altro, quindi "bloccare" in qualche modo le nostre esigenze per "andare verso" l'altro). Quando non ci troviamo in una situazione di pericolo questi modelli ci portano a essere sicuri, assertivi e proattivi ("movimento verso"), comportarci in maniera autonoma, imparziale e sensibile ("allontanamento", quindi un discostamento dall'altro costruttivo), oppure possiamo diventare collaborativi e sviluppare capacità di adattabilità quando ci "congeliamo" e dunque ci apriamo un po' di più all'altro. Di fronte a una minaccia relazionale, invece, "muoversi contro" diventa aggressività, prepotenza e controllo, "allontanarsi" diventa disimpegno, evitamento e isolamento, e "andare verso" diventa sottomissione, placamento ed eccessiva acquiescenza.

Questi tre modelli, che nella loro forma originale sono delle risposte automatiche, nelle relazioni possono dare vita a risposte o a reazioni rigide e indiscriminate se utilizzate senza consapevolezza. Noi le usiamo a seconda dei "risultati" che ci hanno dato i molti tentativi fatti sin dalla nostra infanzia per affrontare l'ambiente, i momenti e le circostanze che via via sono capitati nel contesto relazionale. Alla fine, per questo, la maggior parte di noi sviluppa un'abitudine cerebrale che nei momenti di stress ci porta a prediligere uno dei tre modelli. Tuttavia, al di là della nostra risposta abituale, le strategie alternative rimangono disponibili e potremmo ricorrere a esse qualora la nostra prima scelta non funzionasse. Pertanto la nostra sottomissione, muovendosi verso il modello che caratterizza l'amore per l'Altro idealizzato, può trasformarsi in una risposta esigente, aggressiva e di rifiuto. Vediamo questa "oscillazione" nella tendenza passivo-aggressiva che si innesca quando sentiamo che l'altro non riesce ad apprezzare appieno il nostro "amore". La nostra attrazione per l'Altro idealizzato soddisfa non solo i bisogni di protezione e sicurezza, ma anche quelli di scopo e direzione nella nostra vita. A differenza degli animali, infatti, noi non possiamo essere appagati da una vita in cui vengono soddisfatte soltanto le esigenze primarie. Abbiamo la facoltà di pensare e i nostri pensieri ci portano a domande sull'esistenza e sul suo scopo. Quando non riusciamo a trovare "risposte" a questi interrogativi, rivolgiamo spesso i nostri pensieri contro di noi: ruminiamo, ci preoccupiamo, ci sentiamo ansiosi e depressi. L'Altro ci affascina e ci calma perché sembra fornire risposte convincenti, o almeno ci aiuta a dimenticare la nostra narrativa deludente.

Ora voglio lasciarvi con un ultimo consiglio, che è fondamentalmente un invito alla prudenza. Potreste non riconoscere questo schema nella vostra vita, oppure credere di essere il tipo di persona che non incappa nell'inganno dell'iper idealizzazione, ritenendovi perfettamente in grado di costruire e mandare avanti relazioni sane e basate sulla reciprocità. Tuttavia il mio lavoro mi ha insegnato che la maggior parte di noi è incappata o incapperà prima o poi nell'inganno.

Il problema di fondo, quando si parla di relazioni, è che è molto più facile riconoscere gli errori delle altre persone rispetto a quelli che commettiamo noi.

LA NOSTRA BUSSOLA

Giunti a questo punto sono certa che avrete mille domande che vi frullano in testa. Alcune riguardano voi stessi («Ma allora non sono capace di vedere la realtà per quella che è?», «Come faccio a capire se sto idealizzando qualcuno o se mi piace veramente?»), mentre altre, magari, vorreste rivolgerle a me («Come faccio a comprendere qual è il mio schema?», «Se non riesco mai a esprimermi come posso essere seducente?»). Per quanto attiene le prime, sappiate che di qualunque natura esse siano, vanno interpretate come un segnale più che positivo. Magari durante la lettura avete riconosciuto qualche vostro tratto caratteristico, oppure avete riconsiderato sotto una nuova luce alcuni momenti delle vostre storie passate e forse adesso avete una visione più chiara su quei meccanismi che regolano i primi passi di una relazione. In questo caso non potrei essere più felice!
Nella bussola ho raccolto quelle che potrebbero essere le FAQ, ovvero le domande che più spesso mi sento rivolgere riguardo gli argomenti che abbiamo appena trattato. Risponderò partendo da una visione generale, ma sono certa che riusciranno a illuminare anche la vostra specifica situazione personale.
Comincio quindi col dirvi che nel momento dell'incontro, se anche il vostro desiderio può essere quello di leggere nel pensiero altrui, il processo giusto da seguire è esattamente quello contrario.

«Come faccio a capire al primo incontro se è la persona giusta?»
Le emozioni che avete sperimentato, siano esse positive o no, potrebbero in larghissima parte essere prodotte dai vostri pensieri.

Cercate quindi di fare ordine e chiarezza nella vostra mente. A conclusione di un appuntamento, del primo appuntamento, annotate cosa avete pensato durante la conversazione, quello che vi ha colpito, ciò che non vi è piaciuto (per esempio se qualche sua convinzione o qualcosa nel suo modo di fare vi è risultato sgradevole) e soffermatevi un attimo sull'importanza che ognuna di queste cose riveste nella vostra personale scala di valori. Cercate di rimanere nel momento presente, non lasciatevi distrarre dal futuro luminoso che desiderereste avere con la persona in questione e neppure dalle ombre del passato (quindi non fossilizzatevi nei paragoni con qualche vostro ex). Il presente ha un peso, una dignità ed è il tempo in cui vivere per capire quali sono le nostre necessità.

«Come posso sedurre qualcuno?»

Se volete sedurre qualcuno, per prima cosa niente maschere. Tutto si basa sull'ascolto attento dell'altro, condizione necessaria per intercettarne i bisogni. A quel punto la strada che mi sento di consigliare senza se e senza ma è quella della sincerità, perché, credetemi, nulla è più attraente del vero. Se il vostro intento non è quello di collezionare figurine come si faceva con l'album della Panini, datemi ascolto e non abbiate timore di mostrarvi per quello che siete, con i vostri gusti, i vostri punti di vista sui temi che affronterete o anche solo sulle vostre preferenze in tema di musica e vacanze. L'apertura e la curiosità sono fondamentali, ma lo è anche la capacità che avete (o che potete implementare) di mostrare all'altro che siete una persona con le idee chiare. A tutti piace sentirsi compresi e apprezzati, ed è ancora più piacevole se a dimostrarci questo apprezzamento è una persona aperta al confronto, ma anche sincera con se stessa.

«Come capisco se sto idealizzando eccessivamente una persona o se invece ha davvero delle caratteristiche positive?»
Iniziate semplicemente a descrivere questa persona. Cominciate dalle sue peculiarità fisiche, dal modo in cui si veste, dal tono della sua voce e proseguite limitandovi a "osservarne" le caratteristiche, senza sovrainterpretarle e senza attribuire giudizi di valore. Poi individuate una cosa, una sola, la più importante nella vostra scala personale e che vi ha colpito e ha suscitato la vostra curiosità. Come per l'incontro, cercate di comprendere quanto di questa persona è reale e quanto invece è un'attribuzione data da un bisogno che vorreste sanare e colmare attraverso la relazione. Questo vi aiuterà a vedere la realtà per ciò che è e non per come vorreste che fosse. Concedetevi tutto il tempo di cui avete bisogno per scoprire pregi, compatibilità e incompatibilità: non è detto che queste debbano per forza allontanarvi o minare la possibilità di una relazione futura, magari sono un ottimo spunto per capire quanto qualcuno è davvero disposto a impegnarsi.

«Pensavo fosse amore e invece...»
Non è un calesse. Ma per non cadere nel tranello dell'inganno vi basterà allenarvi e osservare le azioni senza inciampare nella magia delle parole. L'idealizzazione va a braccetto con la costruzione di un immaginario fittizio ed è importante focalizzarsi su "ciò che è" più che su "ciò che potrebbe essere". Lasciate perdere il condizionale, passate all'indicativo e vivete in questo modo anche le emozioni.

3
L'INNAMORAMENTO: IL GRANDE ENIGMA

La fiaba

Le fiabe ci affascinano e ci danno un senso di calore e di ritorno a casa che deriva dal loro legame con il regno mitico dell'immaginazione, complemento necessario alla nostra vita quotidiana.

Siamo fondamentalmente creature che raccontano storie e c'è molto che possiamo imparare riflettendo sulle narrazioni ascoltate durante l'infanzia. Sembrano quasi magiche perché ci mettono in contatto con emozioni sepolte in profondità dentro di noi che spesso faticano a trovare espressione nella quotidianità, perché man mano che ci avviciniamo all'età adulta siamo portati a considerare improduttivo e inutile il mondo dell'immaginazione.

Siamo purtroppo indirizzati a seguire un lineare percorso di studio, lavoro e in generale un'idea di come dovremmo rappresentare noi stessi e agire in determinate circostanze, e molto spesso questo atteggiamento può diventare un boomerang, perché ci allontana progressivamente da ciò che ci rende più sereni e da chi siamo veramente.

È un processo che può limitarci, dunque, e allontanare da noi l'archetipo del nostro fanciullo interiore. Quando questo succede, la vita umana si trasforma in un'esistenza meccanica in cui non c'è spazio per la magia dell'infanzia, del gioco, della bellezza e della creatività. E quando non riusciamo a trovare un significato nelle nostre giornate, ci intorpidiamo con piaceri a breve termine, che nell'immediato sembrano riempire il nostro vuoto interiore.

Le fiabe, invece, possono darci la sensazione che non siamo soli nelle nostre lotte, e grazie alla loro "saggezza" possiamo comprendere meglio noi stessi, gli altri e il mondo che ci circonda. Gli emozionanti combattimenti tra eroi e draghi traspongono in chiave simbolica le nostre esperienze di vita, quelle con i nostri draghi personali, ovvero gli ostacoli e le difficoltà che siamo chiamati ad affrontare. Prendendo spunto dalle fiabe, in cui il protagonista matura ed evolve dopo aver superato un percorso costellato di difficoltà, noi dovremmo cominciare a considerare gli inciampi di tutti i giorni come un modo per metterci alla prova e avvicinarci al nostro sé ideale. Esattamente come i protagonisti dei racconti per l'infanzia, anche noi guadagneremmo un tesoro: l'autorealizzazione. La vita di tutti i giorni, vista attraverso la lente simbolica dell'immaginazione, diventa quindi una chiamata all'avventura che possiamo accettare o rifiutare. Se affrontiamo con il giusto spirito le difficoltà, potremo accedere a nuovi tesori; se invece le rifuggiamo, rischiamo di cadere nell'abisso dell'ansia e della mancanza di senso.

Pertanto, quando ci troviamo di fronte a degli ostacoli, non dovremmo essere troppo precipitosi nel considerarli esclusivamente negativi, perché potrebbero consentirci di accedere per la prima volta a luoghi nascosti della nostra anima e di scoprire risorse che non sapevamo neppure di possedere.

Oltre a riflettere le sfide che affrontiamo quotidianamente, le avventure descritte dalle fiabe spesso nascondono una tale vastità di intuizioni da essere molto più di un semplice intrattenimento per bambini. I personaggi e i motivi sono archetipici – l'eroe, il bambino, l'ombra, l'imbroglione, lo sciocco, il vecchio saggio, la fanciulla, la matrigna, e via dicendo –, ma le possibilità cui possono dare vita sono pressoché infinite.

Le fiabe racchiudono uno spazio liminale: rappresentano sia il regno ordinario sia quello sacro. Descrivono il passaggio dalla nostra coscienza al mondo dell'inconscio, e il ritorno alla vita quotidiana. Possono concludersi con il protagonista che torna nel mondo reale da vincitore oppure a mani vuote con il sollievo di essere sopravvissuto ed essere riuscito a fuggire dall'inconscio divorante. Quando la fiaba termina nel regno magico, solitamente rappresenta la tragica perdita dell'individuo, che viene inghiottito dall'inconscio, come per esempio accade nella storia del pifferaio magico di Hamelin il quale, dopo aver liberato la città dal flagello dei ratti incantandoli con il suono del suo flauto, allo stesso modo "cattura" i bambini all'interno di una caverna.

Colloquialmente il termine fiaba viene utilizzato per indicare una storia o un'avventura a lieto fine, o qualcosa di irreale prodotto dall'immaginazione. Per la psicologia, tuttavia, le fiabe riflettono il nostro paesaggio interiore e i personaggi possono rappresentare aspetti della nostra personalità. È perciò una grande opportunità di arricchimento, da adulti, rileggere le storie che hanno avuto maggiore rilevanza nella nostra infanzia. Infatti, via via che sviluppiamo una maggiore consapevolezza di noi stessi, la fiaba può mostrarci significati e simbolismi che da bambini non avevamo colto.

La foresta oscura e selvaggia, presente in moltissimi racconti, è una rappresentazione degli elementi ombra interiori: tutto ciò che è dentro di voi e di cui non siete a conoscenza. Ed è proprio nel folto della foresta che vivono i mostri. La natura selvaggia simboleggia parti mai del tutto domate e sempre in qualche modo pericolose. Ed è questo luogo misterioso e terrificante (che può essere sostituito da una montagna impervia, una palude malsana o un castello diroccato avvolto dai rovi) a nascondere il tesoro difficile da ottenere.

Nella nostra vita tutti dobbiamo attraversare un sentiero oscuro e accidentato. La nostra prima reazione è desiderare di evitarlo. Tuttavia, col senno di poi, spesso ci rendiamo conto che sono proprio questi momenti, così difficili e al contempo preziosi, che ci permettono di scoprire parti sconosciute di noi stessi. E sono proprio le parti sconosciute di noi quelle che in fondo ricerchiamo anche nella fiaba che ci "auto-scriviamo" quando immaginiamo la nostra relazione amorosa: potremmo ipotizzare che questa fiaba sia una sorta di proiezione cinematografica dei nostri desideri, dei bisogni, delle paure e delle attenzioni che vorremmo ricevere. Il problema, però, è che talvolta mostriamo una tendenza piuttosto pericolosa ad appassionarci alla narrazione pura: la favola che ci raccontiamo non è frutto solo di una idealizzazione dell'altro, ma anche dei modi in cui ognuno vede se stesso, e se stesso in una relazione. Ecco che allora la favola diventa la proiezione di desideri e paure che non hanno necessariamente a che fare con la relazione sentimentale nella sua dimensione reale, quanto invece con aspetti che contraddistinguono il nostro modo di essere. Per esempio, il nostro bisogno di continue conferme e di costante apprezzamento viene "scritto" nella nostra favola personale con un coprotagonista-partner sempre presente e disponibile. Se abbiamo una consapevolezza di noi abbastanza sviluppata riusciamo a vedere e a slegarci da questi schemi, ma se al contrario non ci conosciamo abbastanza la favola può trasformarsi in una trappola. A quel punto rimaniamo ancorati all'autonarrazione della nostra relazione sforzandoci di seguire questo copione autoimposto anche quando non è possibile, o non applicabile, o non condivisibile con l'altro, rischiando di cadere nell'insoddisfazione più totale, incapaci di uscire da questo circolo vizioso. Non ci riusciamo perché non siamo capaci di accettare lo scarto che c'è tra il nostro desiderio e la realtà dei fatti.

Talvolta tuttavia, per quanto raramente, è possibile che la nostra relazione amorosa *sia* una fiaba. Avviene quando vi è un incastro di bisogni contemporanei, bisogni "sani", non quelle familiarità disfunzionali a cui ci leghiamo perché corrispondono al mondo emotivo che conosciamo e che tendiamo a replicare in una narrazione differente, nella speranza che il finale possa essere il tanto agognato "e vissero tutti felici e contenti". La fiaba amorosa non ha nulla a che vedere con il riconoscimento inconscio di qualcuno che ci permetterà di replicare uno schema disfunzionale: consiste in un incontro che potremmo definire "realisticamente magico", cioè che si avvicina a quella costellazione di sentimenti che ci provoca un benessere autentico e in cui abbiamo l'opportunità di sperimentare anche una nuova versione di noi stessi. L'altro è colui che ci consente di accedere a un mondo intimo e inesplorato e al contempo ci aiuta a essere autentici, permettendoci di riscrivere la nostra storia personale alla luce di ciò che siamo oggi, autonomamente, ma stando in relazione.

Dall'attrazione alla scelta

C'è un'ottima ragione per cui le persone sentono le farfalle nello stomaco nei momenti che precedono un primo appuntamento, e il motivo risiede nelle tante incognite con cui bisogna fare i conti. Mi troverà attraente? Sarò in grado di portare avanti la conversazione? Troverà le mie battute divertenti? Mi chiamerà ancora? Le prime volte in cui uscite con qualcuno di nuovo è normale provare un po' di nervosa emozione, soprattutto se sperate che da questi appuntamenti scaturisca qualcosa di più. Se volete concedervi un vantaggio e proteggere le vostre "scommesse", sappiate che un bell'aiuto potrebbe darvelo la psicologia dell'attrazione. I ricercatori hanno lavorato a lungo per comprendere gli aspetti scientifici dietro la sfuggente scintilla, e alla fine hanno scoperto che a farla scoccare possono concorrere molte variabili.

La psicologia dell'attrazione è quindi qualcosa di cui dovete necessariamente conoscere le basi, soprattutto se in questo momento siete con lo sguardo puntato là fuori in cerca di una relazione. Anche se in questa sede non mi è possibile essere davvero esaustiva o personalizzare il discorso, sapere quali sono gli indizi da osservare durante un appuntamento (e come interpretarli correttamente) vi aiuterà di certo a orientarvi, rendendo più divertente e fattivo il vostro prossimo appuntamento, ma anche riconsolidando una relazione che comincia a scricchiolare perché vi sembra essere un pochino stantia.

Cominciamo quindi con la definizione di attrazione. Per la psicologia questo concetto è assimilabile al senso di vicinanza, interesse o desiderio che si prova nei confronti di qualcuno. Potreste aver sentito il termine attrazione usato prevalentemente in contesti sessuali o romantici, ma vi assicuro che non può essere limitato a queste categorie. Infatti, sono diversi i modi in cui è possibile provare attrazione, come per esempio ammirando qualcuno o interessandovi ai temi che affronta.

L'attrazione inoltre varia nel tempo (come forse avrete sperimentato, a volte non ci vuole tanto perché i vostri sentimenti o le vostre preferenze mutino), è influenzata da molti fattori ed è un'esperienza individuale che ha a che fare con il potere di suscitare desiderio, interesse o simpatia.

Comprendere il suo funzionamento è importante perché gioca un ruolo chiave negli scambi e nelle relazioni interpersonali. Sapere cosa vi piace, cosa vi attrae, vi aiuta a sviluppare un più forte senso di autoconsapevolezza, migliorando la vostra comprensione delle relazioni, come affrontarle e cosa aspettarvi.

Se l'attrazione è un complesso di forze che avvicinano le persone, andiamo ora a vedere quali sono queste forze.

La prima è l'attrazione sessuale, che comporta un intenso desiderio di contatto intimo con individui del proprio sesso o di sesso diverso. Può essere soggettiva (quando provate attrazione sessuale verso una persona specifica e in base alle vostre esperienze con lei in particolare) e oggettiva (quando molte persone trovano qualcuno – per esempio una star del cinema – sessualmente attraente). L'attrazione sessuale vi aiuta a identificare la vostra sessualità. Per esempio, l'asessualità è quando non si prova attrazione sessuale per nessuno, mentre la pansessualità è quando si prova attrazione sessuale verso più sessi.

La seconda forza è l'attrazione fisica, che implica il desiderio di contatto fisico, ma non necessariamente in un contesto sessuale o romantico (per esempio, abbracciare o accarezzare un cane). Può essere suddivisa in intimità, quando si cerca semplicemente una sensazione di vicinanza fisica con qualcuno, e sensualità, quando si ha il desiderio di toccare o essere toccati da qualcuno, ma non in modo sessuale. Sono parecchi i fattori che possono avere un'influenza sull'attrazione fisica: la simmetria del volto, la freschezza della giovinezza, la tonicità e armoniosità del fisico. Diversi studi hanno dimostrato anche che le persone considerano piacevoli i volti "nella media" e poco attraenti gli scostamenti estremi dalla forma e dalla morfologia media del viso nella cultura di riferimento.

La terza, a propria volta declinabile in una serie di varianti, è data dall'attrazione emotiva, che implica un desiderio di vicinanza o connessione che potrebbe però non includere alcun contatto fisico. Nell'ambito di questa categoria rientrano l'attaccamento e l'attrazione intellettuale; l'amore, quel complesso totale costituito da una summa di varianti, sentimenti forti e profondi di connessione emotiva, attrazione fisica e sessuale e attaccamento con qualcuno.

L'attrazione può avere un peso significativo sul vostro comportamento e sulle vostre decisioni, ma a causa della sua natura complessa può creare confusione: per questo è importantissimo che voi abbiate una chiara comprensione dei vostri sentimenti per prendere buone decisioni, anche perché c'è molto altro che influenza la scelta del partner.

Gli esseri umani sono animali sociali perché desiderano interagire e instaurare connessioni con i propri simili. Abbiamo sviluppato strutture sociali e linguaggi complessi proprio per creare comunità e reti di condivisione delle risorse che favoriscono la nostra sopravvivenza come specie, e sono diversi i fattori che guidano le nostre motivazioni in questo senso. Nelle nostre scelte di tutti i giorni, quindi, giocano un ruolo determinante l'identità, l'autostima e altre variabili situazionali. Ma per quanto riguarda quelle relative ai sentimenti?

Be', ciò che influenza le nostre scelte nei legami amorosi ha a che fare con qualcosa che si colloca ai limiti della consapevolezza e coinvolge una miriade di processi psicologici. Quando siamo adulti, infatti, la nostra mente utilizza come sorta di prototipo per lo sviluppo delle relazioni intime la tipologia di legame emotivo che abbiamo instaurato con le nostre figure di riferimento durante l'infanzia. Per quanto non in maniera consapevole, noi abbiamo "tarato" le caratteristiche delle nostre relazioni future, delle nostre aspettative, dei ruoli e del comportamento dell'altro su quell'esperienza. La nostra esperienza infantile va dunque a definire il nostro stile di attaccamento adulto.

Secondo lo psicologo inglese John Bowlby, padre di questa teoria, le tipologie di attaccamento adulto sono quattro (sicuro, insicuro ansioso, evitante, disorganizzato), ognuna caratterizzata da differenti rappresentazioni di sé e dell'altro all'interno della relazione.

Nell'attaccamento di tipo sicuro la persona vive con naturale serenità la vicinanza emotiva con il partner ed è a proprio agio nell'interdipendenza che la relazione crea. Chi rientra in questa categoria si sente accettato per ciò che è e ha fiducia circa la presenza dell'altro nel momento del bisogno.

Chi ha un attaccamento di tipo ansioso ritiene fondamentale creare una relazione di totale condivisione e intimità. Prova disagio se ha l'impressione che il partner non profonda nella relazione il suo stesso impegno, perché ciò lo porta a ritenere (non necessariamente a ragion veduta) che quest'ultimo non tenga abbastanza alla coppia.

L'attaccamento evitante, invece, è caratterizzato da una forte tendenza all'autonomia: c'è il timore della dipendenza e la persona si sente maggiormente a proprio agio in una relazione in cui l'intimità e la condivisione non sono troppo profonde.

Infine, nell'attaccamento disorganizzato il tema centrale è dato dal desiderio di intimità contrapposto al timore della ferita.

La cosiddetta teoria dell'imago, sviluppata dallo psicologo americano Herville Hendrix negli anni Ottanta, spiega come gli individui costruiscano una rappresentazione mentale del proprio partner in cui confluiscono sia le sue caratteristiche reali sia le loro proiezioni. Secondo Hendrix, quando le figure di accudimento non riescono a soddisfare i bisogni emotivi del bambino, si generano delle "ferite" che lo accompagneranno nella vita adulta, pertanto l'imago corrisponderebbe a una rappresentazione interna, inconscia, della figura di attaccamento dell'infanzia e proprio il match delle caratteristiche reali del potenziale partner con quell'immagine interiorizzata sarebbe ciò che conduce all'attrazione e alla conseguente scelta.

Secondo questa teoria, per quanto possiamo razionalmente sostenere di cercare qualcuno che si discosti dall'immagine del caregiver, l'attrazione risulta guidata dal desiderio di veder soddisfatti dei bisogni da parte di qualcuno che, con le sue caratteristiche positive e negative, a livello profondo ci ricorda la figura di attaccamento.

In maniera non cosciente possiamo trovare affascinanti persone che generano in noi sensazioni familiari sulla base di uno schema, ovvero un complesso strutturale cognitivo ed emotivo basato sulle esperienze dirette e indirette vissute nell'ambiente di sviluppo che ci ha fatto acquisire informazioni su noi stessi, sugli altri e sul mondo in generale. Se abbiamo vissuto uno schema maladattivo, che ha generato una ferita, instaurando una relazione con il partner che rievoca le caratteristiche della figura di attaccamento, cerchiamo di riscrivere il passato e quindi smentire proprio quello schema. In buona sostanza, ciò che inconsapevolmente ci guida nella scelta è la speranza di poter ottenere attraverso il partner l'affetto e l'attenzione di cui avremmo avuto bisogno e di cui non abbiamo potuto beneficiare quando eravamo bambini.

Bisogno e desiderio

Abbiamo dunque capito che uno schema poco funzionale introiettato durante l'infanzia può condurci a una scelta profondamente errata nei termini di una relazione appagante.

Psicologia e psicanalisi, analizzando il soddisfacimento, ci consentono di effettuare una corretta distinzione tra bisogno e desiderio che, per quanto all'apparenza abbastanza vicini, celano distonie importanti. Questi concetti non sono intercambiabili e portano a tipologie di interazione e relazione molto diverse. Le relazioni meno mature, tendenzialmente meno durevoli e che ambiscono a un falso ideale fondato sull'idealizzazione totale dell'altro, sono per lo più basate sul bisogno e sul rispecchiamento narcisistico; invece, le relazioni che si costruiscono sull'accettazione e la valorizzazione dell'imperfezione rispondono al soddisfacimento di un desiderio reciproco tra i partner che conduce a un'autentica scelta di costruzione e condivisione.

Fatta questa premessa, andiamo a vedere in cosa consiste, sul piano pratico, il bisogno. Che si tratti di aspetti concreti (come cibo o acqua) o astratti (come l'amore), ci sono alcune cose di cui tutti abbiamo necessità per andare avanti. Ciononostante, il confine tra ciò che è veramente un bisogno e qualcosa che semplicemente desideriamo può essere davvero labile.

Possiamo definire il bisogno come un requisito fisiologico o psicologico per il benessere di un organismo. In parole povere è qualcosa senza cui non è possibile stare bene, talvolta neppure sopravvivere. Ovviamente, il riferimento al contesto apre la strada a una miriade di significati: se parliamo di relazioni possiamo considerare un bisogno la comunicazione poiché, se manca, la relazione può deteriorarsi. Ma già questa precisazione ci fa capire come la caratteristica principale per definire qualcosa "bisogno" è data dal fatto di essere in qualche modo essenziale.

È umano avere bisogni e desideri, ma a volte può essere difficile distinguerli. Per semplificare e aiutarvi a comprendere meglio ciò che intendo circa l'essenzialità o meno di qualcosa, voglio farvi alcuni esempi specifici.

I nostri bisogni sono limitati (ci sono un certo numero di cose necessarie per sopravvivere), mentre i desideri sono illimitati. I bisogni si riferiscono solitamente al presente: se hai sete, devi bere adesso. I desideri hanno spesso a che fare con il futuro: un calice di vino dopo il lavoro, magari.

Se non ottenete ciò di cui avete bisogno, di solito si verifica un danno. Se non ottenete ciò che desiderate, molto probabilmente starete bene, anche se potreste sperimentare un po' di frustrazione. (Se vi trovate in una situazione di emergenza vi basta un riparo, e poco importa se non è un hotel a cinque stelle.)

I bisogni primari sono statici e non cambiano nel tempo (per esempio il bisogno di mangiare e bere), mentre i desideri possono cambiare ogni giorno, anche ogni ora. (Avrete sempre bisogno di rimanere idratati, tuttavia il tipo di bevanda che potreste desiderare può variare.)

Generalmente i bisogni verranno soddisfatti prima dei desideri.

In definitiva, i bisogni sono necessari per la vita, mentre i desideri sono componenti aggiuntivi.

Il bisogno, infatti, è determinato biologicamente e la ricerca del suo soddisfacimento è istintuale. Il bisogno si esaurisce quando viene soddisfatto, a prescindere dall'importanza dell'esigenza da soddisfare.

I bisogni primari sono quelli senza il cui soddisfacimento non c'è sopravvivenza, però in psicologia sappiamo bene che alcuni bisogni non sono solo fisici, ma basati sulle emozioni, per esempio il riconoscimento, la spiritualità, le relazioni, e via dicendo. Senza il soddisfacimento di questi bisogni è a rischio il nostro benessere mentale.

In questo settore la teoria più importante è quella avanzata nel 1943 dallo psicologo americano Abraham Maslow, che propose di ordinarli in maniera gerarchica. Per primi gli esseri umani soddisfano i bisogni base (fame, sete, sonno...) per poi passare a quelli più avanzati; essendo un umanista, Maslow riteneva che le persone avessero il desiderio ultimo di raggiungere l'autorealizzazione. A livello grafico, questa teoria può essere rappresentata da una piramide in cui i livelli della gerarchia vengono individuati in cinque gradini e partono dal basso, appunto dalla base. Il primo gradino è costituito dai bisogni fisiologici, il secondo dalle esigenze di sicurezza, dal terzo in su troviamo quelli sociali, di appartenenza, stima e autorealizzazione. In sostanza, tra i bisogni umani di livello superiore c'è la necessità di essere amati e amare, di sentirsi parte di un gruppo di amici e familiari, di essere riconosciuti dagli altri per i propri risultati e infine di usare i propri talenti e le proprie competenze.

Ora che abbiamo compreso quali sono i bisogni comuni al genere umano, è necessario individuare i bisogni personali che potremmo voler soddisfare all'interno di una relazione amorosa. In amore, infatti, non parliamo tutti la stessa lingua, quindi (dopo aver capito qual è il nostro) è importante scoprire qual è il linguaggio del partner.

Di seguito voglio allora elencarvi alcuni punti che costituiscono, nell'ambito della relazione sentimentale, delle modalità comportamentali o degli atteggiamenti in grado di fornire un soddisfacimento di alcuni bisogni emotivi e, più in generale, il terreno fertile per un'interazione positiva con il partner.

- L'affetto può aumentare la vicinanza e, a propria volta, rafforzare la relazione. Tutti vogliono essere accettati per quello che sono: sapere che il partner è in grado di farlo può aumentare il sentimento di appartenenza che è vitale per una relazione sana.
- L'umorismo può aiutare a stemperare le situazioni di tensione e a volte la capacità di non prendere tutto troppo sul serio può essere ciò che serve.
- Convalida e supporto sono poi fondamentali: quando è stata l'ultima volta che avete detto al vostro partner quanto è importante per voi? Potreste già sapere che è la persona più straordinaria di sempre, ma bisogna ricordarsi che l'altro vuole sentirselo dire, ogni tanto: la convalida può essere potente per soddisfare alcune esigenze emotive e ci sentiamo tutti meglio quando sappiamo di avere supporto.
- Si spera che qualsiasi relazione sana vi faccia sentire sicuri e protetti. Ciò include la possibilità di sentirsi abbastanza aperti da poter parlare dei propri confini, dei propri sentimenti e dei propri obiettivi di vita. Se c'è fiducia in una relazione, c'è necessariamente una forte comunicazione.
- Nessuno è perfetto, non importa quanto ci proviamo. Gli errori accadono, si commettono. Pensate per esempio alle piccole dimenticanze. Inizialmente potreste

provare rabbia o delusione, ma per costruire una relazione forte dobbiamo essere in grado di entrare in empatia con il nostro partner. Offrire comprensione di certo può avvicinare e di solito le connessioni si formano rapidamente, ma l'amore richiede tempo.

- Come un giardino, l'amore deve essere curato e innaffiato perché possa crescere rigoglioso e se la connessione è importante, lo è altrettanto avere tempo per se stessi. Lo spazio, che è anch'esso un bisogno emotivo pur avendo a che fare con la dimensione fisica, in una relazione significa avere la libertà di compiere le proprie scelte e di sentirsi comunque sostenuti dal partner: gli esseri umani sono sociali, ma hanno anche bisogno di privacy e a volte ciò può comportare la necessità di avere luoghi propri in cui rilassarsi.

Ora che abbiamo esaminato tutto ciò che sul piano individuale e relazionale costituisce un bisogno, allarghiamo il campo e analizziamo il concetto di desiderio, una sorta di motore che ci muove alla ricerca di un qualcosa di specifico, ovvero la qualità della relazione con l'altro. Lo psicanalista francese Jacques Lacan, nella sua trattazione, ben sottolineava infatti come il desiderio sia in realtà qualcosa che, diversamente dal bisogno, dipende proprio dal legame con l'altro: già a partire dai primi anni di vita, unitamente al soddisfacimento dei bisogni, si accede alla dimensione del desiderio, ovvero la voglia che l'altro, in quel caso la madre, risponda dandoci il dono della sua attenzione.

A causa del nostro retaggio culturale, abbiamo da sempre sentimenti ambivalenti riguardo al desiderio. Da un lato la tradizione cristiana ne proponeva generalmente una visione negativa (perché il desiderio tendeva a concentrarsi sulle soddisfazioni effimere di questo mondo, variamente chiamate concupiscenza della carne o orgoglio degli occhi, piuttosto che sulle ricompense eterne dell'aldilà), mentre dall'altro i filosofi occidentali, in genere, lo consideravano fondamentale per la vita (è nella natura degli esseri umani desiderare ciò che non si ha).

Come sostiene Massimo Recalcati, il desiderio non è qualcosa di semplice, né da spiegare, né tantomeno da vivere e comprendere. Nasce dalla percezione di qualcosa che manca ed è diretto verso qualcosa o qualcuno; se il bisogno, una volta soddisfatto, cessa di essere impellente, il desiderio ha caratteristiche differenti. Non è urgente e si alimenta nascendo e rinascendo anche una volta soddisfatto. L'esempio della fame è il più calzante e il più comprensibile: per eliminare il bisogno della fame è sufficiente qualsiasi cibo, ma per soddisfare il desiderio specifico abbiamo necessità di un piatto specifico.

Il desiderio poi ci motiva in molti modi e assume molti nomi in base all'ambito di riferimento. In campo intellettuale si chiama curiosità; nella sfera sessuale libido, e così via. Se rimuovessimo queste espressioni di desiderio, la vita umana così come la conosciamo cesserebbe di esistere.

Se attualmente siete impegnati in una relazione (o se l'avete avuta in passato) sapete già che il desiderio, soprattutto quello sessuale, può aumentare e diminuire ciclicamente. Ci sono periodi in cui desideriamo essere più vicini ai nostri partner e altri in cui ci allontaniamo o, in casi estremi, desideriamo addirittura fuggire.

Il desiderio è quindi un fenomeno oscillante che alterna momenti di maggiore necessità di vicinanza ad altri in cui si sperimenta l'esatto opposto. È per sua natura un movimento verso il vacillare delle certezze: il desiderio cerca conferme, vicinanza o modifiche nella relazione, ambisce alla soddisfazione di qualcosa che ci appartiene, ma che in qualche modo dipende dalla risposta dell'altro. Nonostante ciò abbiamo talmente interiorizzato il classico finale "... e vissero tutti felici e contenti", che distaccarcene è estremamente faticoso.

Il lieto fine della fiaba/storia d'amore ideale è esso stesso obiettivo e oggetto del desiderio ed è difficile da abbandonare perché dà a tutti noi qualcosa verso cui tendere, un incentivo per coltivare una relazione migliore. È fondamentale crescere come coppia e come individui, ovvero trovare nuovi modi per prendersi cura del proprio partner e ricercare in lui la capacità di valorizzarsi, ed è qui che si innesca un piccolo cortocircuito. Il rapporto di coppia è infatti il contesto psicologico in cui il desiderio (e la spinta al rinnovamento che ne consegue) rappresenta una parte vitale, mentre il finale della favola ideale è qualcosa che pare non richiedere alcun lavoro da parte dei partner in base all'assunto (infondato) che una coppia non dovrebbe mai imbattersi in problemi legati alla noia sessuale, alle ingerenze esterne, alla spontaneità e via dicendo.

Ho sentito molti dei miei assistiti esprimere le loro paure proprio nel desiderare e nel trovare il coraggio di chiedere al partner di cambiare. Tuttavia, per poter sperare nel "vissero tutti felici e contenti", è proprio il cambiamento (o meglio il rinnovamento) a essere necessario.

Dovete considerare il problema in questi termini: se non siete disposti a cambiare, il mondo cambierà senza di voi. Questo dovrebbe spaventare a morte ogni coppia che ha trovato eccessivo conforto nell'autocompiacimento.

A livello individuale, il cambiamento è necessario per potersi adattare a un ambiente in continua evoluzione. L'incapacità o la riluttanza a modificare aspetti della propria vita può spesso portare a sintomi depressivi o ansiosi.

Il cambiamento certamente non è facile, poiché ci costringe a sacrificare qualcosa su cui abbiamo fatto affidamento in passato (magari per mantenere il nostro equilibrio psicologico o le nostre dinamiche quotidiane), al contempo però ci consente di fare nostro qualcosa di nuovo in grado di migliorarci la vita.

Altrettanto avviene quando il desiderio si rinnova e muta. Se un partner cambia mentre l'altro no, è possibile che ciò alimenti il risentimento o inneschi comportamenti che portano a un allontanamento. Di solito, però, è il desiderio a scemare, non l'amore a finire: quando un legame si sgretola è perché si desidera meno e ci si sente meno desiderati.

Potrebbe essere quindi la nostra capacità di evolvere a salvare la coppia: il desiderio nei confronti del partner può infatti venire rinfocolato proprio da quei nuovi tratti che il cambiamento ha fatto emergere. Una prospettiva affascinante, non trovate?

Il rinnovamento del desiderio è una danza di intimità e distanza, scoperta e compiacenza, indipendenza e dipendenza. Ed è così per tutte le relazioni: è il processo attraverso il quale le storie possono andare avanti, rinnovando la curiosità e le domande.

Visto che si tratta di un fenomeno naturale per il benessere della vita di coppia, la domanda diventa quindi: come possiamo sfruttarlo?

Tanto per cominciare, avendo ben presente un assunto, cioè che ognuno di noi ha una sua identità e la forza di intervenire in modo attivo sulla *propria* vita. Sperimentare l'indipendenza nella relazione apre le porte a un benessere personale che può farci evolvere, dunque cambiare e rinnovarci: nell'ambito della coppia, per garantire il rinnovamento del desiderio reciproco, è importante giocare in equilibrio tra il senso di appartenenza all'altro e alla relazione e il proprio spazio di individualità da curare e far crescere.

Ripensate a quando avete iniziato a uscire con il vostro partner: probabilmente non sapevate nulla l'uno dell'altro. Per questo ci incontriamo, per conoscere meglio qualcuno, per ritrovarci incantati dal suo essere. Tutto sommato, accogliere l'indipendenza nel contesto di una relazione significa trovare modi per mantenere le cose intriganti e rinnovare ogni giorno un'implicita promessa.

La crisi

Spesso la paura che accompagna il cambiamento è il pensiero che con questo la relazione possa finire. Il timore dell'abbandono è forse la ragione principale per cui si sviluppa un'intensa codipendenza.

L'origine di questa paura varia da individuo a individuo, ma, da psicologa, posso dire che tendenzialmente la ferita risale all'infanzia, quindi comprendere meglio ciò che è accaduto costituisce il primo passo per raggiungere la soluzione. Riconoscere il nostro bambino interiore, cioè il groviglio di esperienze, ricordi e sensazioni che abbiamo sperimentato durante l'infanzia, significa poter avere uno strumento in più per scardinare l'identificazione tra il bambino interiore e l'io adulto, che è in grado, al contrario del primo, di sopravvivere all'assenza o alla mancanza di riconoscimento da parte dell'altro. E di conseguenza, separate queste due entità, possiamo modificare quei comportamenti che ci tengono incatenati alla paura della crisi.

Nella bussola, troverete un piccolo suggerimento su come iniziare a farlo in autonomia, ma intanto è necessario accettare una prospettiva che, per quanto spietata, serve per mantenere vivo il desiderio: tutte le relazioni possono finire. Questo è un assunto da tenere sempre a mente poiché vi sarà utile per sedare alcune paure irrazionali.

Forse voi e il vostro partner invecchierete beatamente insieme e troverete modi per rinnovare e ricostituire il vostro amore reciproco, o forse andrete incontro a un momento difficile che sfocerà in una separazione. Ma sapere e accettare che tutte le relazioni possono finire vi aiuterà a non tentare di fuggire da conversazioni e momenti difficili. Infatti, quando qualcuno evita di intavolare con il partner una conversazione che potrebbe aprire una nuova ferita o riaprirne una vecchia, di solito, è perché teme che il confronto possa andare così male da portare allo scioglimento della coppia. Sebbene esista senza dubbio la possibilità che ciò accada, evitare il conflitto nel presente porterà probabilmente a una crisi nel futuro.

Adesso drizzate le antenne perché andremo ad analizzare che cos'è la crisi, quello che rappresenta, come si manifesta, ciò a cui può condurre e come si può fronteggiare.

Poter contare su una solida relazione può aiutarci a superare le sfide quotidiane e a mantenere il nostro benessere psicologico. Eppure, anche quando tutto fila liscio alcune cose possono irritarvi, innescando una disconnessione emotiva e portando a discussioni prolungate che possono sfociare in vere e proprie crisi relazionali.

Se state affrontando una crisi e desiderate impegnarvi per salvare la relazione, può di certo tornarvi utile imparare a riconoscere alcuni segnali di allarme.

Le crisi, tanto per cominciare, possono essere definite come periodi di intenso stress o di conflitto che minacciano la stabilità, la soddisfazione della vita o il benessere di entrambi i partner. L'instabilità o l'insoddisfazione di una relazione romantica possono derivare da contrapposizioni estreme o da sfide significative che la vita a volte ci impone di fronteggiare. L'innamoramento è spesso descritto come un'esperienza intensa ed euforica, ma cosa succede quando l'infatuazione comincia a svanire? Uno dei motivi per cui le persone non provano più entusiasmo, o non sono più attente né all'altro né alla salute della relazione è la mancanza di connessione emotiva e di convalida. In un certo qual modo si rompe l'illusione dell'aderenza tra la fiaba auto-narrata su di sé e costruita attorno all'altro e la storia reale.

Le coppie possono diventare meno coese, sperimentando l'indebolimento del legame emotivo che le tiene unite. Ciò può dipendere dalla mancanza di tempo di qualità trascorso insieme, da interruzioni della comunicazione o da cambiamenti nelle priorità o negli interessi. Perfino l'attrazione sessuale e l'amore possono svanire con la perdita della connessione emotiva.

Altri fattori che possono concorrere includono le aspettative non soddisfatte e l'allontanamento dovuto a percorsi di vita divergenti.

La domanda che rimane, tuttavia, riguarda ancora il "come" le persone possono rendersi conto che le loro relazioni stanno attraversando una crisi.

Tra i segnali più comuni certamente spiccano le continue critiche reciproche, la mancanza di intimità emotiva o sessuale, le discussioni su cose di scarsa importanza, non aver voglia di passare del tempo insieme, ma anche la perdita di fiducia nell'altro, una scarsa volontà di risolvere i problemi e fantasticare su un'eventuale separazione. Costruire relazioni felici e forti richiede lavoro e dedizione perché ci si pone davanti a numerose sfide e l'obiettivo deve essere condiviso da entrambi i partner.

Tutti possono trovarsi ad affrontare sfide inaspettate. Alcune crisi sono facilmente risolvibili, mentre altre possono minacciare seriamente il futuro della relazione. Le coppie che hanno le capacità di cooperare per risolvere il disagio trarranno maggiori benefici e soffriranno di meno. Io per prima, grazie al mio lavoro, ho potuto osservare ciò che accade a coloro che si rafforzano durante queste sfide, rispetto a coloro che invece se ne sentono solo minacciati e sopraffatti. Posso quindi raccontare gli atteggiamenti e i comportamenti più comuni che spesso fanno la differenza.

Le relazioni più sane e solide bilanciano i bisogni individuali e quelli della coppia. Le persone che riescono a trovare un punto di equilibrio tra queste due esigenze spesso descrivono la loro relazione nei termini di una libertà coesistente con l'impegno. Assecondano i propri bisogni di privacy e autorealizzazione, ma non a scapito dell'altro, e quando si verifica una crisi sono immediatamente in grado di anteporre le esigenze della relazione ai propri interessi personali. Inoltre, hanno fiducia nella reciproca capacità di sostenersi una volta che la crisi sarà passata.

Una coppia in crisi deve per prima cosa focalizzarsi su se stessa e rafforzare il proprio legame: per esempio, nel caso in cui ci si trovi a fronteggiare un lutto, o magari un periodo difficile in ambito lavorativo per uno dei due, è importante che l'altro sia in grado di lavorare in direzione interna, sulla coppia e sulle sue necessità. È una questione di priorità: ognuno di noi dispone di una limitata riserva di energie mentali, fisiche, emotive e spirituali. Nei periodi di serenità, i partner distribuiscono le proprie energie secondo le proprie esigenze e le reintegrano regolarmente. Quando si verificano le crisi, però, la domanda di tali risorse aumenta ed è in quei momenti che le coppie "di successo" sono in grado di interrompere ogni dispersione di energia. (Un drenaggio di energia fisica, per esempio, potrebbe essere una mancanza cronica di sonno. Una perdita di energia mentale, una preoccupazione per problemi individuali irrisolti. Una perdita di energia emotiva viene spesso vissuta come la tendenza a preoccuparsi per un evento che non possiamo controllare o a soffrire costantemente per un dolore irrisolto. Una perdita di energia spirituale può essere definita come il non riuscire a fare affidamento su qualcosa di più grande di sé, ovvero una mancanza di "fede" nella possibilità di rapportarsi positivamente con tutti quegli aspetti che l'ingovernabilità dell'esistenza non ci permette di controllare.) Troppo spesso, quando queste energie non vengono reintegrate, le persone possono imboccare vie di fuga poco sane diventando meno resilienti o più inclini alle risposte reattive che inducono nel partner un atteggiamento difensivo.

Un altro aspetto che influenza moltissimo le probabilità di risoluzione di una crisi è dato dai pregiudizi negativi che possono impedire alle persone di prendere in considerazione qualsivoglia alternativa che esuli dal ventaglio di possibilità che si sono prefigurati. In parole povere, un atteggiamento cinico o pessimista può impedirci di concentrarci sulle possibili soluzioni positive al momento di impasse. Ovviamente, nemmeno l'altro estremismo è una valida strada: pure l'ottimismo, se è campato in aria, può impedirci di definire correttamente il quadro completo.

In conclusione, ecco una serie di pillole che mi sembra opportuno condividere con voi e su cui vi invito caldamente a riflettere.

È fondamentale evitare di fasciarsi la testa prima del tempo: insomma, tenetevi alla larga dal "dolore anticipato", perché vi fa sperimentare un finale spaventoso prima che questo accada (e magari anche inutilmente). Molto meglio restare nel presente e fare ciò che può essere fatto per evitare di vivere quel dolore, invece che soffrire prima del tempo.

Nella gestione di una relazione è importante imparare a "risparmiare". Ci sono infatti risorse che possono essere immagazzinate per i momenti difficili: tempo, energia, amore, disponibilità, resilienza, vitalità fisica, sostegno sociale, fiducia e serenità sono solo alcune delle cose a cui una coppia può attingere quando attraversa un momento di impasse.

Ricordate sempre che le circostanze difficili possono far emergere il peggio delle persone. Ecco perché, per avere più probabilità di superare positivamente una crisi, invece di cadere nella trappola di incolpare l'altro, i partner dovrebbero concentrarsi su ciò che li ha resi più forti insieme. Guardare ciò che si ama l'uno dell'altro ha l'effetto di rendere la coppia più coesa.

LA NOSTRA BUSSOLA

Giunti a questo punto del vostro viaggio, converrete con me che la bussola si fa davvero uno strumento indispensabile.
Abbiamo visto come bisogno e desiderio coesistano, ma possano influenzare in maniera differente la relazione a seconda della prevalenza dell'uno o dell'altro. Entrambi creano soddisfazione in ogni persona e in ogni relazione, ma è fondamentale conoscersi, soprattutto nei termini di quella che è la propria storia personale, per poter comprendere quanto influenzino positivamente o negativamente l'esito di un incontro. È imprescindibile, infatti, un certo grado di maturità emotiva che possa permettervi non solo di riconoscere un "buon" incontro, ma soprattutto di non legarvi a una persona o a una situazione solo per tentare di risanare una ferita che risale all'infanzia.
Cercate anzitutto di identificare l'origine del vostro bisogno e non preoccupatevi se non siete in grado di farlo: scrivete quelle che sono le vostre paure relative alla relazione e cominciate a mettere in discussione le vostre convinzioni soprattutto per ciò che riguarda i concetti di distanza, di vicinanza e di cambiamento.
Identificate i pensieri che contribuiscono alla convinzione che il cambiamento nella relazione potrebbe portare alla sua fine. A questo punto fate seguire una controargomentazione sul motivo per cui questa convinzione non è valida e poi elaborate una nuova narrazione che sia più favorevole a permettervi di prevedere un futuro migliore nella relazione.
Se vi impegnerete in questi esercizi nel tentativo di razionalizzare la vostra visione dell'amore ideale, vi posso garantire che la strada sarà in discesa.

Quando avete bisogno di elaborare le motivazioni e gli elementi che generano in voi un'attrazione, partite dallo sviluppo della consapevolezza e dall'accettazione: concedetevi tempo e spazio per fare pace con le vostre preferenze. Questo vi aiuterà a chiarire le vostre priorità e le vostre scelte, rendendovi meno inclini a farvi fraintendere dall'altro o a deludere voi stessi.
Delimitate chiaramente i vostri confini, perché stabilire e mantenere fin dall'inizio di una relazione gli spazi personali può darvi un senso di sicurezza. Può anche aiutare l'altra persona a comprendere le vostre aspettative ed evitare di fare qualcosa che vi metta a disagio.
Stabilite obiettivi chiari. Comunicare chiaramente i vostri desideri aumenta le vostre possibilità di successo nelle relazioni perché riduce al minimo le possibilità di incomprensioni o aspettative non corrispondenti.
Non seguite un modello prestabilito, quello della favola, per capirci. Non esiste un modo univocamente "giusto" per essere attratti da qualcuno o costruire una relazione. Qualsiasi preferenza che rispetti voi stessi e gli altri è valida. Non cercate di seguire l'esempio di nessuno e lasciatevi sempre guidare dai vostri sentimenti.
Siate flessibili e comunicate apertamente per limitare e prevenire reazioni emotive di portata eccessiva che potrebbero nascere da fraintendimenti.
Abbiamo parlato moltissimo dei bisogni nelle loro varie forme, ma voi vi conoscete davvero? Sapete quali sono i vostri? E soprattutto, pensate che i vostri bisogni più importanti attualmente siano soddisfatti?
Per rispondere a queste domande cominciate con l'individua-

re tutte le vostre possibili esigenze personali. Annotate le cose della vostra vita che vi hanno dato gioia e vi hanno fatto sentire appagati, quindi identificate le relative esperienze e provate a riconoscere i modelli di comportamento che hanno reso possibili quelle esperienze.

Perfezionate e accorciate la lista di esperienze identificando le quattro che appaiono più spesso, poi considerate quali di queste includono bisogni reali (i vostri must, gli elementi essenziali). A questo punto fate un elenco di attività/azioni che vi aiuteranno a soddisfare positivamente questi bisogni, comprese le cose che fate ogni giorno e pianificate le modalità con cui le svolgerete. Per esempio, se il vostro bisogno è quello di connessione con gli altri, una modalità con cui soddisfarlo potrebbe essere partecipare ad attività di gruppo: scegliete la vostra tipologia e definite come e quando lo farete.

Dopo aver identificato i vostri bisogni, può esservi utile provare a soddisfarli per sentirvi appagati. Se li ignorate, infatti, potreste avere delle ripercussioni sul vostro benessere.

Per aiutarvi a soddisfare le vostre esigenze iniziate a entrare nell'ottica che avere dei bisogni non è egoista: accettateli e comunicateli apertamente.

Se in questo momento state affrontando una situazione complessa, o state vivendo una crisi di coppia, voglio suggerirvi alcune strategie che possono aiutarvi a uscirne.

Prima di tutto focalizzatevi sul fatto che per una riconciliazione è necessario concedersi vicendevolmente un po' di spazio. Può essere difficile riportare in carreggiata una relazione quando abbiamo ferito il partner o ne siamo stati feriti. Se avete sbagliato, è meglio chiedere scusa e far cominciare il processo di guarigione. Se siete stati feriti, sappiate invece che, sebbene abbiate tutto il diritto di arrabbiarvi, va anche bene voler far funzionare le cose. Siate onesti con voi stessi riguardo a ciò che vi ferisce ed esprimete i vostri bisogni emotivi al vostro partner utilizzando le "dichiarazioni in prima persona". Normalmente quando siamo arrabbiati, feriti, delusi o comunque ci sentiamo distanti dall'altro tendiamo a utilizzare una comunicazione recriminatoria in cui prevale l'utilizzo del «tu non hai fatto...» o «tu hai sbagliato...», accompagnata da un metaforico indice puntato. Se usiamo la "prima persona" comunichiamo efficacemente, in questo modo: «Io mi sono sentito così», «Io ho pensato che tu fossi manchevole» ecc. In questo modo l'altro non si sentirà obbligato a rispondere in maniera difensiva.

Sviluppate e mantenete una comunicazione efficace e lavorateci costantemente. Una comunicazione sana implica la capacità di esprimere i propri sentimenti e ascoltare il punto di vista dell'altro. Manifestate il vostro apprezzamento per le risposte positive fornite dal partner, perché questo comportamento aiuta a creare un nucleo sicuro all'interno della relazione in cui entrambi potete sentirvi a vostro agio.

Costruite una forte intimità emotiva e cercate di trascorrere con il partner più tempo di qualità e quando avrete costruito un "set" di interazioni positive, potrete guardare indietro e trovare un motivo valido per non lasciare andare la relazione. Ricordate: le coppie felici con ricordi felici possono gestire meglio le sfide man mano che emergono.

Non smettete di ritagliarvi del tempo per voi stessi perché non è un atteggiamento egoista, ma proprio ciò che vi permette di essere la versione migliore di voi stessi e, di conseguenza, diventare un partner migliore.

Esprimete gratitudine e prendetevi il tempo necessario per

riconoscere e apprezzare gli sforzi dell'altro, perché questo può aiutarlo a sentirsi apprezzato e compreso.
Concentrarvi su ciò per cui siete grati può distogliere la vostra attenzione dai pensieri negativi e questo, come potete immaginare, è il percorso migliore da seguire per arrivare a una maggiore serenità.

4

IL LATO OSCURO

La manipolazione

Quando parlo di manipolazione mi riferisco alla capacità di qualcuno di asservire l'altro al proprio volere senza che questi ne sia consapevole. Il manipolatore opera nei confronti della sua "vittima" una sorta di deprogrammazione e riprogrammazione. Va da sé che tale operazione è condotta ai danni e non nell'interesse dell'altra persona, sostanzialmente trasformata in un burattino per soddisfare i bisogni del manipolatore.

Il presupposto alla base della manipolazione è che in tutte le coppie sia fisiologica una certa influenza reciproca, ma ci sono tre campanelli d'allarme per riconoscere quelle con un partner manipolatore: la relazione è vantaggiosa solo per chi manipola, il partner vive una condizione di malessere e il suo equilibrio psicologico viene alterato. La vittima, considerata spesso alla stregua di un oggetto, può uscire devastata da una relazione di questo tipo.

Il primo aspetto da tenere a mente è che il manipolatore non esprime in maniera chiara un desiderio o un bisogno, ricorre a giri di parole o a modalità comportamentali specifiche. Fa un po' come i ragni: a seconda della vittima che ha davanti, tesse una tela su misura. Tale condotta genera un danno ai manipolati, che si illudono di agire in totale libertà e soprattutto per il proprio bene, mentre si trovano intrappolati in una tela che può arrivare a una vera e propria forma di condizionamento psicologico.

Vi state chiedendo come è possibile arrivare a farsi plagiare da un partner e non accorgersene? Purtroppo non è difficile e neppure raro. Il fatto è che quando le persone si innamorano abbassano le difese, idealizzano l'altro, interpretano in chiave positiva anche gli aspetti negativi e hanno la tendenza a giustificarlo. Ci sono poi relazioni, anche queste disfunzionali, in cui la manipolazione è più sottile ed è caratterizzata da una finalità non necessariamente malevola, che però prevede comunque un "ritorno" personale per il partner manipolatore.

Per quanto variabile, perché tarata sullo specifico individuo da condizionare, ogni azione manipolatoria comincia allo stesso modo: chi manipola prima conquista la fiducia della sua vittima, poi usa varie tecniche per modificarne la realtà interna, ovvero il mondo interiore della persona costituito dal suo complesso di desideri, immagini, fantasie e sentimenti.

Non tutte le forme di manipolazione hanno la stessa gravità ed è possibile distinguerle a seconda dell'intensità e dell'obiettivo che chi le compie vuole raggiungere. Nei casi più lievi il raggiro psicologico è finalizzato al semplice tornaconto di chi manipola, senza che però alla vittima derivino danni psicologici. In quelli più gravi, invece, il fine è minare la logica del manipolato, spingerlo al dubbio: la vittima viene spesso colpevolizzata e portata a sviluppare un senso di inadeguatezza che la rende vulnerabile. (Questo è ciò che spesso avviene quando un partner non vuole che l'altro gli "sfugga di mano".)

Al netto della gravità, tutte le forme di manipolazione hanno per fine l'ottenimento di un beneficio, sia esso di natura fisica, sessuale, emotiva o economica. I manipolatori dirigono il gioco, raggiungendo ciò che vogliono senza assumersene la responsabilità: muovono la propria vittima come una pedina che, convinta di agire liberamente, talvolta è perfino felice di poter soddisfare in maniera spontanea le esigenze del partner. Pur in assenza di una reale coercizione, la manipolazione è in grado di annientare psicologicamente chi la subisce.

Chi manipola lo fa attraverso tutte le modalità di comunicazione che possiede. Dal punto di vista verbale, attraverso affermazioni svalutanti e squalificanti, accompagnate da avverbi perentori, come "sicuramente", che dicono al partner che la verità oggettiva è un'altra, ed è unilaterale. Considerando la comunicazione non verbale possiamo osservare come il silenzio, il non detto e il sottinteso possano essere strumenti potentissimi. Le parole possono anche sembrare innocue, ma il tono, la cadenza e il ritmo possono stravolgerne il significato, sfociando in pratiche mortificanti come la ridicolizzazione, il sarcasmo e la squalifica. Una tipica dinamica manipolatoria si realizza quando le frasi dei manipolatori, grazie al tono e alla postura, portano a una svalutazione del partner senza però che il manipolatore lo faccia apertamente, assumendosene la responsabilità.

Un'altra forma di manipolazione è data dal mettere fretta, pretendendo che qualsiasi richiesta sia evasa all'istante. Il manipolatore agisce come una sorta di tiranno e afferma la sua volontà di dominazione e potere: attraverso una modalità eccessivamente richiedente, non rispetta le necessità e le tempistiche dell'altro, anche con la pluralità contemporanea delle richieste.

Una ulteriore modalità consiste nell'invadere lo spazio personale dell'altro senza che vi sia un esplicito accordo. Tali invasioni, oltre che spaziali, possono anche essere verbali e hanno l'obiettivo di sfiancare l'altro. Il monologo dei manipolatori è martellante: per esempio, l'invasione verbale si verifica quando il manipolatore intavola un discorso unicamente centrato su di sé o su un argomento di chiaro disinteresse per la vittima; si disinteressa per le risposte, ignora il fastidio o il disagio provocato nell'interlocutore, parla, e talvolta giudica, senza sosta, incurante della reazione del partner che non viene visto come una controparte, ma semplicemente come un contenitore (e quindi, in quanto tale, destinato a raccogliere le sue lamentele). In questi casi la maschera della manipolazione è data dal pretesto di accrescere, educare, migliorare il partner, senza premurarsi di chiedergli se sia o meno d'accordo. La verità è però un'altra: lodare se stessi o umiliare l'altro.

Anche l'estrema pignoleria è una forma di manipolazione, perché le critiche continue possono incutere nell'altro il timore di dire o fare qualcosa di sbagliato, guadagnandosi così a pieno titolo l'etichetta di "imperfetto". In modo analogo la permalosità limita la possibilità di una comunicazione aperta e sincera nella coppia perché il manipolatore non esita a tacciare di insensibilità o indelicatezza le osservazioni del partner, il tutto ovviamente a proprio esclusivo vantaggio (inutile precisare che alla lunga tale atteggiamento porta a una lenta e progressiva diminuzione di qualunque desiderio di confronto da parte del manipolato).

Tra gli atteggiamenti manipolatori spiccano poi l'incapacità di assumersi le proprie responsabilità, la supponenza, il disprezzo e il rinfaccio. Un caso tipico di non assunzione di responsabilità è questo: una critica sull'aspetto fisico o un commento negativo sull'abbigliamento dell'altro può essere pronunciato con un tono dispregiativo o che attribuisce un disvalore per poi essere minimizzato o ridimensionato alla reazione della vittima, rifiutando di prendersi in carico la responsabilità di quel tono dispregiativo. «Ma dove vai vestita così, al circo?», «Ma dai, stavo scherzando, non lo capisci che era una battuta?» Il manipolatore rimpalla il risentimento della vittima a una mancanza (di senso dell'umorismo) o a un difetto caratteriale (la permalosità).

La supponenza è desumibile dall'analisi della comunicazione non verbale. Partendo dal presupposto (non necessariamente veritiero) che il manipolatore sia superiore, il partner viene letteralmente guardato dall'alto in basso. L'esempio più classico di questo atteggiamento è dato dall'alzare gli occhi al cielo dopo aver ascoltato qualcosa, un gesto che rende palese la bassa considerazione che si ha dell'altro e di quanto ha appena affermato.

Rispetto alla supponenza, il disprezzo è più smaccato, in quanto lo sguardo è letteralmente schifato e tradisce più un'espressione di disgusto, anche davanti alle manifestazioni di affetto o di bisogno dell'altro. In questi casi il manipolato percepisce nettamente la disistima del partner ed è indotto ad agire in maniera sottomessa, anche trascurando i propri effettivi bisogni perché sono stati ridicolizzati dal manipolatore.

Il rinfaccio, invece, è una forma di manipolazione che

può avvenire in modo diretto, quando il manipolatore dopo aver spontaneamente fornito aiuto lo fa pesare; o indiretto, attraverso musi lunghi o silenzi prolungati ogni qual volta il manipolato agisce in maniera contraria ai desideri del manipolatore (per evitare tali reazioni, il manipolato tenderà a una progressiva acquiescenza, mentre il manipolatore avrà raggiunto il proprio obiettivo: disporre a piacimento del partner che pian piano smetterà di esprimere la propria personalità).

A prescindere dalla forma che le contraddistingue, il tratto che accomuna le relazioni manipolatorie è l'esposizione a una sorta di montagna russa emotiva in cui spesso la sessualità viene impiegata per dissipare la tensione quando questa comincia a essere insostenibile. Così il sesso, che ha la funzione di dare piacere e nutrimento affettivo, viene usato dai manipolatori per irretire e mantenere prigionieri i partner quando tentano di sottrarsi alla tela tessuta per loro.

Il love bombing

Visto che abbiamo introdotto il tema del nutrimento affettivo ed emotivo, è giunto il momento di affrontare un concetto chiave quando si parla di modalità manipolatorie, ovvero il "love bombing": il bombardamento d'amore. Tale pratica consiste nel ricoprire il partner di attenzioni e affetto. Messa in questi termini può sembrare piacevole per chi la riceve, e in effetti nella maggior parte dei casi viene percepita così, ma c'è una differenza fondamentale tra il love bombing e l'affetto genuino: l'intenzione che c'è dietro. L'affetto genuino è animato dal desiderio di mostrare all'altra persona amore, cura e sostegno. Non chiede nulla in cambio. Il love bombing, invece, è guidato dall'intenzione di creare un intenso legame emotivo al fine di controllare l'altro, rendendolo succube, e può essere utilizzato in qualsiasi relazione, sia essa amicale, lavorativa o familiare. Tuttavia, più comunemente lo associamo alle relazioni romantiche.

Essere bombardati dall'amore e dalle attenzioni di qualcuno può portare a sentimenti di confusione e sopraffazione, tuttavia sarà sicuramente rassicurante per voi sapere che, acquisendo una migliore comprensione di questo fenomeno, riuscirete a riconoscerlo immediatamente e quindi a proteggervi nel caso in cui doveste incappare in qualcuno che vi fa ricorso. Il love bombing è infatti un fenomeno piuttosto comune e si verifica con particolare frequenza tra le persone che utilizzano app di incontri o in generale social media. È una tattica manipolatoria a cui alcuni ricorrono per controllare e influenzare un potenziale partner, che nella pratica viene inondato di eccessivo affetto, attenzioni, doni e adulazione, di solito fin dal principio della frequentazione.

Questa eccessiva dimostrazione di interesse spesso crea un forte legame emotivo e di dipendenza, che è esattamente ciò che vuole il love bomber. La costante attenzione e le lodi stimolano il centro di ricompensa nel cervello, generando in chi viene adulato una sorta di sballo naturale: la vittima del bombardamento d'amore sperimenta una sensazione simile a quella che si prova quando raggiungiamo un obiettivo, mangiamo un cibo gustoso o ci impegniamo in un'attività piacevole. Nel corso del tempo, il "bersaglio" diventa emotivamente più coinvolto e fa sempre più spesso affidamento sul love bomber, fino a diventarne dipendente. A quel punto tenderà a ignorare i campanelli d'allarme e i segnali di pericolo, permettendo al manipolatore di esercitare un vero e proprio controllo.

Il love bomber cercherà di rimanere in costante contatto con il bersaglio per rassicurarlo e dimostrargli il proprio interesse. Lo smartphone facilita questa modalità invasiva di comunicazione, basti pensare a quanto è semplice inondare letteralmente una persona di messaggi WhatApp. E pensate a quanto si diventa facilmente bisognosi di questo "bombardamento" una volta che ci siamo abituati ad attenzioni così presenti. Tuttavia, la reazione può anche essere contraria: chi viene continuamente cercato potrebbe iniziare a sentirsi "in dovere" di corrispondere le attenzioni, percepire la relazione come una trappola e manifestare un desiderio di autonomia, se non di distacco, il che aumenta ovviamente la volontà di controllo del manipolatore. Per esempio, se il manipolatore si accorge di non ricevere abbastanza messaggi di attenzione da parte del manipolato, anche solo per qualche ora, al primo contatto potrebbe scagliarsi contro la vittima biasimando, magari in maniera sarcastica, la sua assenza. Il love bomber stabilisce questo legame dispensando un'adorazione costante nei riguardi dell'altro che può essere difficile per chiunque da rifiutare, e più ancora per chi la brama fortemente, come le persone che presentano uno stile di attaccamento insicuro.

Chi ha sviluppato uno stile di attaccamento insicuro, infatti, ha in genere una bassa opinione di sé a causa del modo in cui i suoi bisogni emotivi non sono stati soddisfatti durante l'infanzia. Pertanto se il suo partner lo inonda di affetto e attenzione, appagandolo, la sua autostima viene gratificata, rafforzando il legame emotivo con il manipolatore.

Purtroppo, il forte legame emotivo creato dal love bombing può rendere difficile per il bersaglio rinunciare alla relazione. Il manipolatore ha quindi il potere di controllare il partner anche solo minacciando di privarlo di quell'affetto, che è un surrogato dell'affetto genuino. Inoltre, il love bomber può affermare il proprio controllo facendo sentire in colpa il partner per non ricambiare la sua devozione.

Le evidenze dimostrano che una persona che ricorre al love bombing spesso agisce per generare nel proprio partner delle reazioni che lo rassicurino sulla relazione. Cerca di farlo però instaurando nell'altro un senso di dipendenza. In cambio, l'altro vorrà che il love bomber continui a fornirgli sempre lo stesso livello di affetto: si instaura così un ciclo di ricerca di rassicurazione e dipendenza che è una caratteristica tipicamente associata alle relazioni disfunzionali e a quelle con un elevato grado di tossicità.

Essere il bersaglio di un bombardamento d'amore può danneggiare la nostra salute emotiva, il nostro benessere e la nostra autostima, per questo motivo è importante conoscere le più comuni tecniche di manipolazione che i love bomber utilizzano. La consapevolezza dei segnali, infatti, può aiutarci a non cadere preda di questo fenomeno e incoraggiarci a cercare aiuto se sospettiamo di essere finiti in un meccanismo di questo tipo.

Considerando la delicatezza dell'argomento, mi sembra opportuno e utile riassumere le tattiche di manipolazione più comuni messe in atto nel love bombing.

- Attenzione e affetto eccessivi: come abbiamo visto, la persona destinataria del bombardamento amoroso viene letteralmente sommersa di attenzioni, affetto, complimenti e doni, al fine di indurla a sviluppare un legame emotivo e una dipendenza nei confronti del manipolatore.
- Isolamento: il love bomber può provare a isolare il partner da amici e familiari per controllarlo e limitare il suo supporto esterno. Difficilmente ricorrerà a messaggi diretti («Non voglio che tu veda questa persona»), prediligerà invece forme più subdole, ovvero minando la fiducia del partner oppure evidenziando le caratteristiche negative dei suoi cari.
- Controllo: di solito viene esercitato suscitando nel partner senso di colpa o vergogna (la situazione più tipica è far sentire in colpa l'altro per non aver trascorso abbastanza tempo insieme o per non essere abbastanza affettuoso).
- Gaslighting: per mantenere il controllo sul partner, il love bomber può mentire o distorcere la verità fino a indurlo a dubitare della propria stessa memoria.
- Minacce: le più frequenti sono quelle di abbandono. Per esempio: «Non vedo come la nostra storia possa andare avanti se preferisci quella persona a me». Tale strategia può risultare particolarmente efficace se il manipolatore ha a che fare con un partner con uno stile di attaccamento insicuro, in quanto l'abbandono rappresenta proprio una delle sue maggiori paure.
- Ciclo di amore-odio: il love bomber può alternare fa-

si di affetto eccessivo ad altre di maggiore freddezza, instaurando nella coppia un clima di imprevedibilità e instabilità emotiva.

Tenete a mente che se siete, o siete stati, bersagli di un bombardamento amoroso le vostre emozioni possono essere confuse e intense. È normale provare un mix di euforia, obnubilamento, dipendenza, senso di colpa, vergogna, insicurezza, ansia e paura. È anche normale sentirsi arrabbiati.

Se siete interessati a capire meglio questo fenomeno, può esservi utile considerare il motivo per cui i love bomber si comportano così. Capirne le ragioni, infatti, potrebbe aiutarvi a elaborare le emozioni e a prendere una decisione informata per il vostro benessere.

Nella maggior parte dei casi le intenzioni dei love bomber non sono malvagie e spesso tali comportamenti derivano dalle loro esperienze di attaccamento e dai relativi bisogni emotivi insoddisfatti. A causa di quelle prime esperienze, i love bomber potrebbero aver faticato a instaurare relazioni sane e per questo cercare un senso di sicurezza e controllo in quella attuale, il che può spiegare il loro atteggiamento, ma non rende meno gravi le ripercussioni che le loro azioni possono avere sul partner.

Il love bombing è un comportamento emotivamente dannoso che può lasciare la vittima confusa, instabile e sopraffatta. Ed è proprio per questo motivo che saper riconoscere i più comuni comportamenti manipolatori può aiutarci a non subirli e, se necessario, incoraggiarci a cercare supporto.

Abuso narcisistico

Ci ho tenuto così tanto a entrare nel dettaglio del love bombing perché questa pratica può sfociare in una forma peculiare di manipolazione di cui si parla molto in questi tempi e che mi sembra opportuno affrontare affinché voi possiate comprenderla a fondo, in modo da non incappare in quella che reputo una delle trappole più pericolose per il mantenimento del benessere psicologico nella relazione. Mi riferisco all'abuso narcisistico, ovvero un insieme di comportamenti dannosi utilizzati per manipolare e sfruttare il partner.

Di solito nel ciclo dell'abuso narcisistico è possibile individuare quattro fasi messe in atto dal manipolatore: idealizzazione, svalutazione, scarto e recupero. Si tratta di uno schema ripetitivo utilizzato dal narcisista per plagiare, sfruttare e soggiogare la sua vittima. Le motivazioni specifiche possono differire da soggetto a soggetto, ma gli obiettivi sono comuni e riguardano l'affermazione del potere, l'esercizio del controllo e la soddisfazione dei desideri narcisistici. In definitiva, lo scopo generale di questo tipo di abuso è esattamente quello di intrappolare la vittima nell'intricata rete della manipolazione.

L'idealizzazione è il momento in cui il narcisista seduce la vittima, ponendola su un piedistallo e facendole credere di essere il centro del suo universo. La vittima si sente considerata, ascoltata, apprezzata ed è portata a pensare che i suoi sogni circa la relazione siano realizzati. Più una persona è narcisista, più è incline a considerare gli altri come oggetti. Di conseguenza, durante il love bombing gli autori di questo genere di abuso vedono e trattano le loro vittime come oggetti positivi e le tengono in grande considerazione. Il loro messaggio di fondo è: «Mi ricordi me, rifletti le qualità che associo all'immagine idealizzata di me stesso».

Durante questa fase il narcisista mostra in modo ingannevole cura o empatia per carpire la fiducia della vittima, manifestando un insolito livello di interesse e curiosità per le sue preferenze, per i suoi sogni e i suoi obiettivi, ma al solo fine di raccogliere informazioni e scoprirne i desideri, i bisogni e le vulnerabilità. Questa raccolta di dati gli consente infatti di modellare sartorialmente la strategia di seduzione, costruendo attraverso il ricorso patologico alla menzogna e al mirroring un alter ego in grado di rispecchiare il partner ideale della vittima, ma ovviamente è solo una facciata: una maschera per camuffare il suo sé autentico e la sua vera natura predatoria. (Le bugie sono il fondamento della falsa persona che il manipolatore crea per sedurre: per esempio, potrebbe inventare un'ingannevole narrativa sul suo passato. Mentre il ricorso al mirroring – ovvero a imitare le parole, le azioni, i comportamenti e addirittura il linguaggio del corpo della vittima – gli consente di entrare subito in connessione.)

Sempre in questa fase il narcisista fornisce alla vittima future fake, cioè false promesse o impegni riguardo a un futuro idealizzato, dipingendo un quadro con una visione positiva di ciò che verrà, ma senza alcuna genuina intenzione di portarlo a termine.

In estrema sintesi, possiamo dire che la fase di idealizzazione è il cavallo di Troia che gli autori dell'abuso narcisistico utilizzano per superare le difese del partner e infiltrarsi nel suo mondo interiore.

La fase di svalutazione fa poi precipitare la vittima in un tumulto emotivo angosciante. Una volta che la facciata idealizzata si sgretola, avviene una brutale trasformazione in cui il narcisista rivela una natura crudele e calcolatrice. In questa fase il manipolatore erode sistematicamente il senso di sé della vittima, sminuendone i risultati, criticandone ogni mossa e infliggendole ferite psicologiche. Per minarne l'autostima ricorre a insulti e a continui rimproveri, spesso estendendoli alla famiglia e agli amici, in modo da gravare il partner anche di un profondo senso di vergogna. Inoltre, quando la vittima cerca di affrontarlo, il manipolatore può ricorrere al gaslighting, ovvero una tattica volta a minare la percezione della realtà dell'altro e a farlo dubitare dei propri pensieri, sentimenti ed esperienze, addirittura della propria sanità mentale, facendolo precipitare in uno stato di confusione e dipendenza: «Non è mai successo», «Hai le allucinazioni», «Stai reagendo in modo esagerato», tutti esempi concreti di gaslighting e alcune tra le "frasi spia" che aiutano a riconoscerlo.

Altro atteggiamento tipico di questa fase è lo spostamento della colpa: quando gli viene chiesto un confronto sul proprio comportamento, il manipolatore reindirizza la colpa su altri o su fattori esterni, rifiutando qualsivoglia responsabilità.

Un'altra arma del suo arsenale è il ricorso al rinforzo intermittente. Un giorno il narcisista idealizza, il giorno dopo è completamente indifferente. Quanto più la vittima cerca di risalire sul piedistallo, di ritornare alla fase di idealizzazione e riconquistare l'affetto del partner, tanto più questo si mostra insensibile. Il silenzio è una tattica molto efficace per esercitare controllo: perché negando intenzionalmente la comunicazione, può causare sentimenti di solitudine, ansia e disagio emotivo.

Dosando alternativamente vicinanza e freddezza il manipolatore porta la vittima a essere sempre più ansiosa e angosciata, timorosa di innescare la rabbia del partner e desiderosa di placarlo. Altra modalità è quella della triangolazione, una tattica attraverso la quale il manipolatore fa in modo di mettere la vittima in contrapposizione e rivalità con altre figure, causando conflitto, caos e divisione; usa poi strategicamente una o più terze persone per minare la fiducia della vittima, favorendone così l'insicurezza, la competizione e/o la gelosia. Un esempio abbastanza tipico, e direi anche frequente, di questa strategia sono i like sui social messi a ex, magari definite "ancora innamorate", vari messaggi di apprezzamento lasciati con apparente casualità a persone esterne alla coppia, e invece frutto di una minuziosa pianificazione, sempre a beneficio dell'attenzione del partner e mai di nascosto.

Generalmente, il messaggio di fondo del narcisista durante la fase di svalutazione è: «Perché non puoi essere più come me? Non riesci a riflettere le qualità che associo all'immagine idealizzata di me stesso!».

La terza fase dell'abuso narcisistico, quella dello scarto, si verifica quando il manipolatore ritira bruscamente qualunque forma di investimento emotivo e pone fine alla relazione, vedendo nel partner un oggetto svalutato e negativo che deve essere accantonato. Quanto più narcisista è il manipolatore, tanto più freddamente e crudelmente tratterà la vittima. Non avendo più bisogno di nascondere la propria vera natura, abbandona la falsa personalità che ha utilizzato per infiltrarsi nella vita della vittima, lasciando quest'ultima inorridita nel ritrovarsi ad affrontare il vero volto celato dietro la maschera: l'anima gemella se n'è andata, al suo posto c'è uno sconosciuto. Il narcisista può mostrare una completa mancanza di empatia o rimorso: ogni momento di gentilezza e devozione viene spazzato via e la vittima resta scioccata, ferita ed emotivamente devastata. Come se ciò non bastasse, spesso la vittima scopre che il manipolatore ha pianificato con cura lo scarto molto prima che questo avvenisse e ha già un nuovo "oggetto" luccicante da ricoprire di attenzioni.

Il narcisista, se affrontato, negherà le accuse, minando la credibilità della vittima e invertendo i ruoli. La fiducia della persona manipolata sarà ripetutamente violata. Le promesse e gli impegni verranno infranti. Il tradimento di solito assume la forma dell'infedeltà, ma può esprimersi anche in altri modi, per esempio accumulando debiti sulla carta di credito a nome della vittima e lasciando che sia lei ad affrontare le conseguenze.

Tra gli atteggiamenti presenti durante lo scarto vi sono disprezzo e ostilità. Il narcisista rinnega i propri pensieri, emozioni o tratti indesiderabili proiettandoli sulla vittima (ciò può includere conflitti interni, insicurezze o comportamenti impulsivi). Attraverso questa distorsione cognitiva esteriorizza i propri difetti e mantiene l'autoinganno narcisistico di essere perfetto.

Si potrebbe pensare che gli autori di abusi narcisistici lascino in pace la vittima dopo aver tentato attivamente di distruggerla, invece tendono ad avere una bassa empatia o nessun vero rimorso per il dolore inflitto agli altri. Inoltre sono ben consapevoli della dipendenza emotiva che hanno meticolosamente coltivato nella vittima e capiscono che una parte di lei potrebbe ancora desiderare di rivendicare la propria posizione in cima al piedistallo. Le persone eccessivamente narcisiste si dilettano nella loro capacità di controllare gli altri e spesso considerano una prova della loro superiorità essere in grado di irretire di nuovo con successo una vecchia vittima. Tale fase è definita hoovering, ovvero "risucchio" e indica gli sforzi del narcisista di risucchiare le vittime nella relazione dopo la fase di scarto. Il messaggio di fondo di questa fase del ciclo di abuso è: «Ti ricordi di me? Ricordi quanto è stato bello riflettere le qualità che associo alla mia grandiosa immagine di me stesso?», e ha lo scopo di attivare i potenti legami traumatici coltivati nella vittima per riportarla rapidamente nel ciclo dell'abuso. Per riuscirci il manipolatore può quindi offrire false scuse. Tuttavia, il finto rimorso arriva sempre e solo fino a un certo punto, oltre il quale ci sarà soltanto spazio per innumerevoli giustificazioni e infiniti spostamenti di colpa al fine di evitare qualsivoglia responsabilità.

In questa fase il narcisista può cercare di far leva sulla simpatia o sulla compassione (sostenendo di aver vissuto anche lui un momento difficile e inducendo la vittima a fornirgli supporto emotivo, attenzione e altre forme di convalida, riavviando quindi la relazione), oppure può intenzionalmente provocare sentimenti di gelosia (suscitando in tal modo nella vittima invidia o insicurezza, inducendola a non soffermarsi sulla sofferenza subita nel frettoloso tentativo di rivivere la fase di idealizzazione).

Talvolta il narcisista non recupera la vittima (in questo caso si parla di "scarto mortale") e questo può avvenire per vari motivi: il manipolatore può infatti aver capito di essere andato troppo oltre e che la vittima lo ha smascherato, oppure può ritenere che quella vittima non sia più utile ai suoi scopi.

Gli autori di abusi narcisistici di solito sfruttano alcune vulnerabilità per stabilire una posizione dominante nella loro relazione con la vittima. Quelli con una tendenza grandiosa (il senso di grandiosità è una caratteristica del disturbo narcisistico) amano la sfida e cercano il "colpo grosso", mentre quelli con una personalità più nascosta (detti proprio narcisisti *covert*) generalmente puntano gli occhi su obiettivi più a portata di mano.

Molte delle persone che finiscono invischiate in questo tipo di relazione hanno magari avuto un genitore narcisista, che fa loro sembrare questo genere di comportamento come amorevole e normale. Altri incontrano un narcisista quando per qualche motivo si trovano ad attraversare un periodo difficile e l'idealizzazione iniziale aumenta la loro autostima risultando piuttosto seducente. L'importante è tenere presente che le nostre vulnerabilità non giustificano né scusano gli abusi.

L'impatto dell'abuso narcisistico sulla salute mentale può essere profondo e pervasivo, può portare a gravi conseguenze fisiche, emotive e psicologiche, per esempio stress cronico, ansia e depressione, disturbi del sonno, indebolimento delle difese immunitarie. Le vittime possono anche sviluppare sintomi di stress post-traumatico, come ipervigilanza, flashback e difficoltà a fidarsi degli altri. Le persone che hanno meno familiarità con questo comportamento ne rimangono scioccate e spesso, sulla scia di tale delusione, provano profonda vergogna e insicurezza. Se possono contare su un buon sistema di supporto, possono rimettersi in carreggiata, ma talvolta hanno bisogno di ricorrere a un sostegno psicologico prima di riuscire ad avere relazioni equilibrate.

Liberarsi dal ciclo di abuso è un viaggio doloroso e arduo, ma ne vale la pena. La libertà inizia riconoscendo i segni dell'abuso, individuando le dinamiche dannose e comprendendo che non si hanno colpe.

La dipendenza

Tante ricerche recenti suggeriscono che l'amore romantico può creare letteralmente dipendenza, per motivazioni psicologiche e per processi neurochimici non dissimili da quelli che si attivano per altre dipendenze, come quelle da alcol, droghe, gioco o sesso.

Nel corso dei secoli l'amore è stato rappresentato come una passione straziante, e anche il cinema e il linguaggio quotidiano ci hanno frequentemente esposto all'ascolto di espressioni come "ho bisogno di te" e "sono dipendente da te". Queste frasi catturano ciò che molte persone hanno sperimentato in prima persona: ovvero che quando siamo innamorati proviamo un'attrazione estremamente forte per un'altra persona, un'attrazione persistente, urgente e difficile da ignorare.

L'amore può essere emozionante, ma anche essere pericoloso. Alcuni fenomeni, tra cui alternanza di estasi e disperazione, desiderio assoluto e pensieri o comportamenti estremi e talvolta dannosi che possono derivare dalla perdita dell'amore, somigliano, come abbiamo detto prima, ai disturbi delle dipendenze da droghe, alcol, o gioco d'azzardo.

Tuttavia, anche se a volte usiamo un linguaggio affine, c'è almeno una caratteristica importante che distingue l'amore dagli altri tipi di dipendenza descritti nella letteratura psicologica e medica: quasi tutte le persone aspirano a innamorarsi, almeno una volta nella vita, mentre nessuno desidera diventare dipendente dall'eroina, dalle sigarette o dalle slot machine. Quindi potrebbe sembrare assurdo suggerire che possa esserci una reale somiglianza tra amanti e "veri" tossicodipendenti. Ma allora è tutto solo iperbole e licenza poetica?

Direi proprio di no! Per tantissimi aspetti le caratteristiche dell'innamoramento divergono poco dai sintomi di una qualunque dipendenza chimica o comportamentale. A seconda della presenza o assenza dell'oggetto d'amore, infatti, l'innamorato è emotivamente instabile, la persona amata è spesso il suo pensiero ricorrente e per lei è disposto a compiere azioni rischiose; inoltre, in sua assenza, non di rado si sperimenta una sensazione molto simile a quella dell'astinenza.

Secondo alcuni studiosi la dipendenza è un'esperienza prettamente psicologica, emotiva e personale piuttosto che una "patologia" indotta dall'uso di sostanze, quindi, in questa prospettiva possiamo desumere che qualunque esperienza umana possa divenire dipendenza se insorgono comportamenti incontrollati o un attaccamento eccessivo. La dipendenza affettiva, o love addiction, sarebbe quindi una condizione in cui una persona non riesce a "funzionare" senza l'altra alla quale si sente legata. Il partner costituisce infatti un sollievo, seppur temporaneo, al proprio senso di vuoto, di insoddisfazione e di malessere, ma nel tempo questo investimento eccessivo nella relazione preclude sia un sano sviluppo personale, sia la possibilità di considerare accettabile l'esistenza senza l'altro. Le persone affette da dipendenza affettiva sono sostanzialmente bisognose di amore e desiderose di trovare qualcuno che le faccia sentire "complete". Questa forma di dipendenza in una fase iniziale presenta caratteristiche normali, vi è attrazione e questa attrazione è stimolante, è fonte di piacere, allevia la noia e produce un senso di benessere. Il passo successivo è l'eccesso di idealizzazione del partner, sul quale vengono proiettate tutte le aspettative di felicità, per controbilanciare l'insicurezza e i sentimenti di rifiuto e solitudine che il dipendente ha maturato durante l'infanzia.

In termini più scientifici, possiamo definire la dipendenza affettiva come un insieme di comportamenti caratterizzati da un interesse maladattivo per il partner (o i partner) che conduce a conseguenze negative quali la perdita di interesse per altre attività. Si rappresenta come una forma ossessiva e simbiotica di amore, ma va specificato che, più che nei confronti del partner, la vera dipendenza è per la relazione stessa, perché è questa che diventa oggetto di un investimento emotivo e psicologico di natura patologica. Il bisogno compulsivo del dipendente è infatti proprio quello di stare in una relazione e sincerarsi che questa sussista nonostante tutte le possibili implicazioni negative: gli è impossibile stare solo perché la relazione viene vista e interpretata come l'unica possibilità di "salvarsi" dal dolore emotivo. Va inoltre detto che chi presenta caratteristiche di dipendenza affettiva sembra mostrare una sistematica tendenza a invischiarsi in relazioni con partner che presentano comportamenti piuttosto distaccati, e questo non fa che aumentare la loro sofferenza e rinforzare l'immagine negativa che hanno di sé.

LA NOSTRA BUSSOLA

Come abbiamo avuto modo di vedere, l'amore presenta anche dei lati oscuri. Tendiamo spesso a ignorarli, o per meglio dire scegliamo deliberatamente di farlo, perché è difficile riconoscerli quando "ci si è dentro". Soprattutto per ciò che concerne la manipolazione, le modalità con cui è attuata possono essere fuorvianti e soprattutto sovrapporsi a ciò che in qualche modo desideriamo. Ecco perché i miei consigli in questa sezione saranno estremamente specifici. Non vorrei mai che qualcuno incappasse in circostanze simili, perché le conseguenze possono essere dannose sul piano psicologico e talvolta addirittura condurre a epiloghi tragici.

È necessario diffidare di tutto ciò che in tempi troppo brevi può sembrarci "eccessivo". Mi spiego meglio: a volte abbiamo talmente bisogno di attenzioni da svilupparne un desiderio fortissimo. A tutti fa piacere ricevere complimenti, sentirci dire che siamo speciali, avere frequenti richieste di contatto... In generale apprezziamo il fatto di essere "pensati" da qualcuno per il quale proviamo anche solo un minimo interesse, e talvolta sono proprio le strategie seduttive di cui siamo oggetto a incrementare l'interesse per l'altra persona. Ma che fare se anche per una frazione di secondo le parole che ascoltiamo dovessero sembrarci eccessive e una vocina nella nostra testa dovesse dirci: «Ehi, piano, piano... Tutto questo non ti sembra un po' strano?».

Be', in tal caso è meglio fermarsi un attimo a riflettere e a dare ascolto alla vocina.

L'innamoramento può essere rapido, senza dubbio. Ma non immediato. L'amore può nascere e seguire i tempi di Whats-

App, ma non deve avere i tempi di WhatsApp. Le chiacchierate interminabili in chat possono darci l'illusione di una connessione stabile e profonda, ma la relazione è fatta di molto altro e ha necessità di essere costruita su basi solide. Chi parte in quarta o rischia di creare il fuoco di paglia, oppure potrebbe nascondere un altro intento. L'eccesso, in cucina come in amore, non fa mai bene e nel caso specifico è un campanello d'allarme che non dovremmo sottovalutare. Se poi notiamo una tendenza alla critica di tutto ciò che ruota intorno alla nostra persona e che potrebbe sottrarre tempo o attenzioni alla relazione, drizziamo le antenne. Chi ha a cuore il nostro benessere desidera essere incluso nella nostra quotidianità e nella nostra cerchia di amicizie e conoscenze, non cerca di isolarci da ciò che ci rende felici e soprattutto non lo teme.

E se invece siamo noi a temere la solitudine? Se non abbiamo una relazione, il vero punto da considerare non è l'"essere soli", ma la possibilità di dedicare del tempo a una delle compagnie migliori che possiamo desiderare: noi stessi. Quante possibilità di miglioramento potremmo cogliere? Quante passioni potremmo scoprire? Direi moltissime! E con questo non intendo dirvi che dovete rifuggire da qualunque compagnia, ma semplicemente che potete smettere di pensarvi "completi" solo accanto a qualcuno. Avete un potere immenso, che è quello di scegliere. Vorreste mai rinunciarvi? Io trovo che sia un qualcosa al pari dell'invisibilità o del teletrasporto. Scegliere è ciò che, prima di far di voi un super eroe, vi rende liberi.

Di questi tempi non è da sottovalutare. La relazione non va intesa come l'unica via verso la salvezza da quell'odioso senso di vuoto. Non riempireste mai un vaso pregiato con dell'immondizia, giusto? E allora perché dovreste riempire il vostro cuore di emozioni negative solo per tenervi stretti una relazione magari insoddisfacente? Rivedete lo schema. Ripetete come un mantra che voi siete il vaso pregiato, siete già colmi di meraviglie e, se proprio desiderate aggiungere qualcosa, fate in modo che sia solo splendore.

5
IL TRADIMENTO

La rottura del patto

Voglio subito svelarvi un segreto, di cui forse siete già a conoscenza: la maggior parte delle relazioni umane include accordi non esplicitati. Proviamo a immaginare la relazione di coppia come un contratto: la differenza maggiore rispetto a un contratto vero e proprio è che non tutto è messo nero su bianco e le due persone non sono pienamente consapevoli di ciò che stanno "sottoscrivendo". La relazione è influenzata da quattro elementi fondamentali: la consapevolezza comune su ciò che costituisce una buona relazione, la spinta innata degli esseri umani a connettersi con un altro di cui si fidano, la volontà di amare ed essere amati e le dinamiche della famiglia d'origine. A ciò si aggiungono le interazioni quotidiane che contribuiscono a modellare la vita di una coppia.

Vi faccio un esempio: uscite con qualcuno da quasi un anno e, anche se sta andando piuttosto bene (entrambi amate le escursioni mattutine e le abbuffate di commedie romantiche su Netflix), c'è una cosa che proprio vi infastidisce. Ogni volta che uscite a cena, lui non prende mai il conto. Anche se non vi dispiace pagare, trovate un po' strano che lui non faccia mai nemmeno il gesto di coprire la sua parte. Insomma, non funziona nemmeno alla romana. Bene, state partecipando a un accordo tacito.

Gli accordi silenziosi sono le regole implicite nella vostra relazione che emergono come risultato di aspettative inespresse. Se fossero pronunciate ad alta voce potrebbero suonare come: «Il mio fidanzato non è abituato a prendersi cura di se stesso, quindi finisco per farlo io per lui» o «Io cucino e lei lava i piatti». In teoria, nessuna di queste cose è un grosso problema, ma se non ne avete mai parlato e avete dato per scontato che sia ciò che l'altra persona vuole, quindi lo accettate, allora avete un tacito accordo che potrebbe potenzialmente erodere la comunicazione nella relazione.

Le vostre prime relazioni hanno una grande influenza su molti dei vostri comportamenti, su decisioni e motivazioni consce e inconsce. Gli accordi silenziosi sono appunto le regole non scritte. Crescono da presupposti, aspettative e convinzioni di cui non parlate, ma di cui ritenete comunque gli altri responsabili. Si presentano in ogni tipo di relazione e, continuando a leggere, probabilmente scoprirete che ne avete molti all'attivo.

Tali accordi possono durare indefinitamente, spesso senza mai essere messi in discussione, a causa della paura, del senso di colpa, del senso di obbligo o dell'avversione al conflitto. Poiché non li affrontate ad alta voce, possono sorgere complicazioni. Potreste credere infatti che l'altra persona ne comprenda i termini e le vada bene così. Considerate quante volte vi siete detti qualcosa del tipo: «Dovrebbe già saperlo» o «Perché dovrei dirglielo?». Nella vostra vita potreste stabilire taciti accordi quando andate d'accordo in superficie, ed è solo lì che rimanete: in superficie.

Ciò che non state dicendo è diventato per voi più forte della vostra capacità di articolarlo. Vi convincete che se la verità venisse fuori, ci sarebbe un inferno da pagare. Che sarebbe più doloroso condividere ciò che sentite piuttosto che negarlo. La vostra relazione si basa sul sapere cosa non sollevare. Credete che se ne parlate perderete qualcosa o, ancora più importante, qualcuno.

Alcuni taciti accordi sono guidati dalla nostra paura che la rimozione del silenzio permetta agli altri di conoscerci davvero. Perché non abbiamo il coraggio di esprimere i nostri sentimenti alle persone che amiamo? Perché non possiamo parlare a cuore aperto delle nostre ambizioni sul lavoro? Le risposte sono abbastanza semplici: abbiamo timore che le persone ci feriscano, smettano di amarci e forse addirittura ci lascino. Potremmo anche avere paura di ammettere ciò che vogliamo veramente. Ma rimanere silenti sui nostri desideri e bisogni non li fa scomparire: diminuisce semplicemente la probabilità di riuscire a soddisfarli.

Quando avete una questione che non volete affrontare, potreste provare a trovare un modo per celarla agli altri e anche a voi stessi. In tali scenari fate tutto il necessario per distogliere l'attenzione dal problema e tenerlo nascosto. Per loro stessa natura, gli accordi silenziosi tengono sepolti i vostri problemi, inoltre sono spesso collegati a molteplici credenze, sentimenti e aspettative. Cercare di gestire contemporaneamente tutti gli strati di un accordo silenzioso può essere spaventoso e difficile. Di conseguenza, potete scegliere di trattare solo lo strato superficiale. Può essere difficile anche scoprire tutti gli altri strati, eppure quando le verità fondamentali sui vostri sentimenti e sulle vostre convinzioni vengono rivelate possono fornirvi una base più solida per una relazione veramente autentica.

Partiamo infatti dal presupposto che ogni coppia è formata da due individui provenienti da due sistemi relazionali diversi, tipicamente quelli della famiglia d'origine, e che ne creano poi uno nuovo. Nella coppia sussiste, come abbiamo visto, una sorta di patto fiduciario la cui base è costituita dall'intimità, ovvero la capacità di entrambi di manifestare i propri sentimenti nell'aspettativa di una corrispondenza e di un supporto. L'intimità è, per utilizzare una metafora, il suggello del patto che sarà costruito sulla base di una realtà condivisa. Il tempo, le emozioni e le esperienze, infatti, sono il presupposto perché si attui il progetto di vita insieme, e ciò che fa sì che tutto questo sia possibile è la condivisione dei valori e la pianificazione del futuro.

Secondo la psicologia, il patto può costruirsi grazie all'attrazione reciproca e alla presenza di sentimenti, all'approvazione dell'altro e alla volontà di conoscerne i valori, all'impegno di rispettare il patto stesso e alla progettazione di uno scopo comune.

Sono questi gli elementi cardine per la costruzione di basi solide su cui fondare una relazione promettente e fertile, ma è importante avere ben chiara la natura del patto, che può essere duplice: c'è quello dichiarato e quello implicito, o segreto.

Per quanto attiene il primo, è semplice darne una definizione: lo si può assimilare a una dichiarazione di impegno nella relazione che viene formulata in maniera per così dire "pubblica". La convivenza, per esempio, o il matrimonio, sono patti dichiarati.

Poi c'è un patto implicito che integra quello dichiarato, ed è il frutto di una commistione tra il conscio e l'inconscio dei due componenti della coppia, un incastro inconsapevole in cui i due trovano reciprocamente risposte ai propri bisogni, desideri, paure e speranze. L'origine del patto implicito è da ricercare nella storia personale di ognuno e nei modelli appresi. Può definirsi "praticabile" quando i partner con il loro incontro soddisfano i bisogni reciproci, ma soprattutto quando è flessibile, cioè in grado di modificarsi e aggiornarsi in base ai bisogni e alle esigenze che possono variare nel tempo, o "impraticabile" quando uno dei due componenti della coppia è completamente centrato sui propri bisogni e utilizza l'altro solo come fonte di soddisfacimento individuale, non tenendo conto delle sue esigenze. L'impraticabilità è ciò che caratterizza le relazioni tossiche. Vi è poi la possibilità che tale patto sia "rigido", non muti e non si evolva: per esempio quando, dopo la fase iniziale della relazione, il patto non diventa progettuale, non si trasforma in maggiore impegno e condivisione e rimane fisso alla fase iniziale, provocando una frattura nel legame.

Quando nessuno dei due partner è disposto e in grado di affrontare le questioni che lo preoccupano, gli accordi silenziosi possono generare risentimento e infelicità, anche in una relazione altrimenti straordinaria. Aspettative non corrispondenti possono far sentire ferita e incompresa una persona, mentre l'altra si chiede cosa potrebbe aver fatto di sbagliato. Per tornare all'esempio di prima: un po' di onestà su come vi sentite quando finite ogni volta per pagare la cena potrebbe essere esattamente ciò di cui la vostra relazione ha bisogno.

Quando una coppia si forma, infatti, lo fa sulla base di un contratto tacito. Entrambi i partner si aspettano che l'altro fornisca qualcosa di cui hanno bisogno. Potrebbe trattarsi di sicurezza finanziaria, calore e affetto, interesse condiviso per il sesso, viaggi frequenti, essere un buon genitore, e via dicendo. Potrebbe anche essere qualcosa che mancava o che di solito andava storto, nella vita o in altri legami, e quindi la relazione attuale potrebbe essere considerata l'opportunità per colmare una lacuna precedente.

Una relazione infelice è quindi solitamente quella in cui i termini del contratto non vengono rispettati. Poiché le "aspettative contrattuali" della relazione non sono sempre esplicite, un partner può avere difficoltà a spiegare la propria infelicità all'altro, ma anche a se stesso. Buone capacità di porre domande, altrettanto buone capacità di ascolto e la volontà di ricevere feedback sono di solito un modo eccellente per comprenderla e risolverla.

Le persone si uniscono, infatti, credendo di condividere le convinzioni su ciò che rende una relazione sana e amorevole.

Per superare le crisi e i momenti di difficoltà, la dimensione consapevole e quella inconsapevole del patto devono confluire in una direzione univoca. Quando le prospettive dei partner divergono possono crearsi le situazioni più disparate e nessuna lascia presagire un futuro felice per la relazione. Nel momento in cui il patto, quello esplicito di esclusività, viene violato, ci si trova di fronte a una delle impasse più grandi, dove la coppia oscilla, per citare i Coma Cose, come la California o, nella mia visione, come un trapezista tra il senso di colpa e il dubbio, in un'alternanza di emozioni dolorose in cui la comunicazione non funge più da collante e via via inizia a germogliare il seme della sfiducia. La frattura del patto, al pari di quella ossea, può dare origine a una ricostruzione oppure generare una menomazione permanente, e tutto questo si sostanzia in un concetto che è quello che andremo a esplorare ora, partendo dalla parola più temuta: il tradimento.

Il senso di sfiducia

L'infedeltà è la rottura della promessa di rimanere fedeli a un partner romantico, sia che tale promessa sia stata parte dei voti matrimoniali, oppure di un accordo pronunciato in privato tra amanti o di un'ipotesi inespressa. Per quanto impensabile possa essere la prospettiva di infrangere tale promessa nel momento in cui viene fatta, l'infedeltà è comune e, quando viene scoperta, solleva domande spinose: dovreste restare? È possibile ricostruire la fiducia? Oppure non c'è altra scelta che fare le valigie e andare avanti? Di questo parleremo in maniera più approfondita affrontando il concetto di perdono, ma ora vi porto con me nell'esplorazione del significato e del perché del tradimento.

Il tradimento avviene quando comportamenti emotivamente, romanticamente e/o sessualmente intimi che sono esclusivi di una relazione si verificano al di fuori di essa senza il consenso e la conoscenza del partner tradito. Ciò significa che il tradimento può verificarsi in qualsiasi dinamica e struttura di relazione, a prescindere dal fatto che questa sia monogama o meno.

È difficile sapere con certezza quanto sia comune l'infedeltà poiché il linguaggio e le domande utilizzate per definire ciò che rappresenta un "tradimento" differiscono notevolmente anche negli studi di ricerca. Ciò non sorprende, considerando che il modo in cui le persone definiscono il tradimento varia da relazione a relazione. Ognuna ha la propria definizione di infedeltà e a volte questa definizione è concordata, mentre altre volte si presume semplicemente che entrambi i partner condividano la stessa. Indipendentemente da come viene definito, il tradimento può causare molto dolore e sofferenza, soprattutto perché conduce a una perdita di fiducia nel partner tradito. Per molti, si tratta di una profonda violazione che può portare a una diminuzione dell'autostima, al senso di colpa, all'ansia, alla depressione e talvolta a sintomi post-traumatici.

I partner che hanno tradito potrebbero provare vergogna e confusione, soprattutto se il loro comportamento è in conflitto con i loro valori e con il tipo di persona che pensavano di essere o di voler essere. Molti dei miei assistiti che stanno elaborando l'impatto dell'infedeltà su se stessi, sui loro partner e sulle loro relazioni, tendono ad attribuirne la causa solo a una persona o a un aspetto della relazione. Tale tendenza è perfettamente sensata: individuare una ragione esatta può portare a una percezione di controllo e sicurezza durante un periodo di vulnerabilità e incertezza emotiva. Sfortunatamente, però, questo approccio non permette di capire che possono esserci ragioni ben più complesse e varie per cui qualcuno arriva a tradire.

L'infedeltà riguarda, di fatto, meno i bisogni sessuali e più un'espressione di desiderio e perdita. Un desiderio di connessione emotiva, di novità, di libertà, di autonomia, di intensità sessuale, un desiderio di riconquistare ciò che è perduto, parti di noi stessi, o un tentativo di riportare vitalità di fronte alla perdita e alla tragedia. Per capire cosa si desidera e cosa è andato perduto è importante guardare più in profondità i perché e i come dell'infedeltà all'interno delle relazioni.

Capire il motivo per cui si è subito un tradimento non significa scusare i comportamenti o eliminare la responsabilità di qualcuno, e non si tratta neppure di diminuire il dolore reale e il danno che può causare, ma ha a che fare piuttosto con l'analisi delle dinamiche individuali e relazionali che hanno avuto un ruolo nelle scelte del partner che ha tradito. In altre parole, il tradimento a volte può portare alla luce difficoltà e problemi più profondi, la cui natura può essere personale o relazionale.

Ciò è particolarmente importante se si considera che chi ha già tradito ha maggiori probabilità di tradire in una relazione successiva, e chi è già stato tradito ha maggiori probabilità di subire l'esperienza in futuro. Tale consapevolezza non implica che non potrete più fidarvi di voi stessi se avete tradito o che è colpa vostra se i vostri partner vi hanno tradito: vuol dire che, se non analizzate più a fondo il vostro comportamento, è probabile che nelle vostre relazioni attuali o future continuiate a riproporre modelli individuali e relazionali malsani.

Quello che vi sto per fare non è un elenco completo dei fattori che possono portare in modo più o meno diretto al tradimento, ma conoscerli potrebbe consentirvi di cominciare a capire ciò di cui voi e le vostre relazioni potreste aver bisogno per il processo di riparazione, il che può essere benefico soprattutto per la vostra salute psicologica.

- Disconnessione dal sé autentico: a volte i tradimenti possono verificarsi come risultato del non riconoscere e accettare tutte le parti di sé. Non connettendoci con il nostro sé autentico, possiamo ritrovarci in uno o più rapporti o in dinamiche relazionali che non sono in linea con i nostri valori, obiettivi o bisogni. Il tradimento può quindi servire come un'opportunità per connetterci con le parti che in precedenza non permettevamo a noi stessi e agli altri di vedere.
- Difficoltà o evitamento dell'introspezione: alcune persone evitano di esaminare e osservare il proprio mondo interiore e i processi mentali soggiacenti per evitare sentimenti o consapevolezze difficili da accettare ed elaborare. Non esaminando il modo in cui pensiamo e sentiamo riguardo a qualcuno o a una situazione, potremmo ignorare le decisioni e le scelte apparentemente piccole che stiamo facendo e che alla fine possono portare a comportamenti non in linea con la relazione o le aspettative individuali. Ciò può essere particolarmente vero quando le inibizioni vengono abbassate, per esempio attraverso l'uso di alcol o di sostanze.
- Evitamento dei conflitti: alcune persone non esprimono il proprio sentire per evitare emozioni e momenti difficili all'interno della relazione. Ciò potrebbe essere dovuto alla paura del rifiuto, o meglio alla paura che il partner rifiuti le loro emozioni, i loro bisogni o loro come persone nella propria interezza. Tale timore potrebbe derivare dai messaggi che hanno ricevuto crescendo o nelle relazioni precedenti riguardo al fat-

to che i loro bisogni non erano importanti o non erano in linea con i desideri altrui. Evitare i conflitti significa che non si hanno conversazioni aperte e oneste e in questo modo i bisogni continuano a non essere soddisfatti.

- Autosabotaggio: a volte le persone credono di non meritare amore e affetto e questo può portarle ad anticipare costantemente il rifiuto o l'abbandono. Tale anticipazione può diventare travolgente e logorante. Impegnarsi in comportamenti quali il tradimento può servire a porre fine alla relazione (e quindi all'ansia costante) in un modo che serve a dimostrare ulteriormente che si è indegni e non meritevoli di amore.
- Mancanza di chiarezza: le connessioni emotive, romantiche e/o sessuali che si verificano al di fuori dei limiti concordati di una relazione potrebbero essere considerate da alcuni come un semplice "sconfinamento", e da altri come una forma di tradimento. A volte questi limiti vengono superati involontariamente, soprattutto se ci sono solo supposizioni su cosa costituisca o meno una linea da non oltrepassare.
- Sovracompensazione: il tradimento può essere un modo per compensare la scarsa autostima. Quando ci si ritiene immeritevoli di amore e affetto, il tradimento può fornire conferma esterna e attenzioni che possono, momentaneamente, arginare i sentimenti scomodi di inadeguatezza. Oppure, se qualcuno ha costantemente sottovalutato i propri bisogni e il proprio valore, potrebbe compensare eccessivamente i sacrifi-

ci che crede di aver fatto nella propria vita (anche all'interno della relazione) adottando comportamenti non salutari per la coppia.

- Diritto: alcune persone potrebbero sentirsi in diritto di soddisfare tutti i propri desideri, a prescindere dall'impatto che ciò può avere sugli altri. Questo può derivare da opinioni malsane su se stessi, sul sesso e sulle relazioni in generale.
- Autoesplorazione: alcune persone potrebbero voler esplorare parti di sé che credono di non essere in grado o di non essere autorizzate a esplorare nella coppia. Potrebbero credere di non poter o non dover discutere questo bisogno con i loro partner, e ciò si osserva con maggiore frequenza in merito ad aspetti della sessualità.
- Risentimento: a volte, quando le persone sperimentano abbandono o rifiuto reale o percepito da parte del proprio compagno, possono sviluppare risentimento nei suoi confronti e nei confronti della relazione, per proteggersi, e questo risentimento può quindi portare al tradimento come modo per punire segretamente il partner.
- Autoregolazione: quando provano angoscia o sentimenti spiacevoli, alcune persone potrebbero usare il sesso come un modo per regolare le proprie emozioni, senza considerarne le conseguenze.

Ora che abbiamo analizzato alcuni dei fattori che possono portare a tradire l'altro, è il momento di concentrarci su cosa significhi e comporti perdere la fiducia. Per farlo, però, dobbiamo prima rispondere a una semplice domanda: cosa significa avere fiducia?

Be', anzitutto ha a che fare con il presupposto sul quale si reggono le relazioni sociali in cui ci sono scambi positivi. Quando condividiamo qualcosa di noi con qualcuno, che si tratti di temi effimeri o più profondi, ciò accade perché tutto sommato ci "fidiamo" di questa persona, nel senso che pensiamo che questo qualcuno non compirà nei nostri confronti delle azioni ostili.

A un livello profondo, quello che per esempio ipotizziamo sia presente nelle relazioni di coppia in cui ha una grande rilevanza l'intimità, la fiducia che riponiamo nel partner include la possibilità di esternare le nostre paure, i desideri più profondi e anche le preoccupazioni. Il fatto che questa ci sia e il grado in cui è presente dipende in grandissima parte da come è strutturata la nostra personalità, ma dovete sapere che è proprio la fiducia nell'altro a rappresentare il termometro della relazione. Del resto, questo forse non lo sapete, è proprio grazie alla fiducia che viene promossa la cooperazione e di conseguenza vi è una maggiore possibilità che si ottengano benefici a lungo termine per la coppia. Insomma, se non abbiamo fiducia nel prossimo, difficilmente riusciremo a "lavorare insieme" con lui o lei verso un obiettivo, perché saremo troppo occupati a cercare di difenderci. Non si può crescere con qualcuno di cui temiamo qualcosa o che riteniamo inaffidabile, quindi non si può evolvere come coppia. La condizione di fiducia comporta una situazione interpersonale in cui vi è un'elevata interdipendenza rispetto agli scopi (sia quelli condivisi, sia quelli personali), ed è attraverso la trasformazione delle proprie motivazioni, da individualistiche ad altruistiche, che questa può crescere fino ad arrivare a una sorta di culmine in cui i comportamenti manifesti attestano una volontà precisa, quella che si sostanzia, per capirci, nell'investimento sul "noi".

Più c'è fiducia, meglio funziona la relazione, ma siccome è rarissimo trovare qualcuno che sia o completamente sfiduciato verso il prossimo, o totalmente portato al contrario, possiamo dire che una certa dose di sfiducia è in fondo una caratteristica dell'essere umano (e svolge anche una funzione protettiva). Il problema sorge quando, a torto o a ragione, iniziamo a convincerci che l'altro sia un mentitore e che sia tale per egoismo o indifferenza, o peggio ancora perché noi "non contiamo nulla". Questo ha un peso e un impatto enorme sulle persone e sulle relazioni perché rinforza un'intima convinzione circa la propria impotenza e la necessità di un'ipervigilanza nei confronti di quelli che percepiamo, magari arbitrariamente, come segnali di pericolo. È un meccanismo che può portarci a mettere in discussione il nostro valore personale, ma è importante ricordare che il tradimento non è affatto determinato da una *diminutio* della nostra persona, ma ha a che fare con aspetti individuali e/o con problematiche di relazione che sono stati semplicemente sottovalutati o non riconosciuti. Questa lettura ci fornisce la possibilità di interpretare in maniera duplice ciò che accade quando il patto si rompe e la fiducia nel partner si incrina. Da una parte c'è lo spazio per abbatterci, per rimuginare, colpevolizzare e via dicendo; dall'altra c'è un margine ampio di riflessione, di possibilità di elaborazione del nostro sentire e di confronto con noi stessi. Lo spazio delle domande è vasto, così come vasta e variegata è la mole di risposte che possiamo trovare, ma il punto nodale è nel soggetto a cui indirizziamo questi interrogativi, che ha un nome e un cognome. Il nostro. Possiamo infatti imparare a regolare l'emozione momentanea, che è normalmente e coerentemente la rabbia, ovvero la percezione concreta e reale di aver subito un torto. Attraverso la rabbia possiamo imparare cosa consideriamo torto e nel percorso di canalizzazione rivolgere lo sguardo verso l'interno anziché al di fuori di noi, per arrivare a scegliere consapevolmente la strada nuova da intraprendere.

Perdonare o separarsi

Una delle domande che più di frequente mi trovo ad ascoltare quando qualcuno viene nel mio studio ha a che fare con questo: «È possibile perdonare il tradimento?». Pare quasi che sia un cruccio epocale, una sorta di piaga dei nostri tempi, che forse esisteva anche in quelli passati, semplicemente se ne parlava meno perché sul perdono si aveva ben poco da dire e molto probabilmente si pensava ci fosse un margine d'azione piuttosto limitato. Al femminile la risposta era prevalentemente sì. Che poi fattualmente non si perdonasse davvero era un altro conto, ma almeno in superficie così sembrava. Al maschile non mi pronuncio: ovviamente sarei critica, dovendo rilevare che fino al 1981 esisteva ancora il delitto d'onore, ma non vorrei né cadere in un cliché, né tantomeno aprire una digressione giuridica.

Quindi torniamo a noi e alla domanda che forse anche voi vi starete facendo circa l'opportunità della scelta da portare avanti dopo essere stati traditi. Il mio compito è darvi l'equipaggiamento per poter far fronte a questo dilemma, spiegandovi cosa accade in certe situazioni, di modo che ne siate pienamente edotti e possiate trarre autonomamente le vostre conclusioni.

Quando una coppia si presenta in una situazione di equilibrio ciò è da attribuire a un mix ottimale di tanti elementi che consentono un funzionamento buono della relazione. Sfortunatamente non funziona come in cucina: non posso darvi una ricetta con l'indicazione delle dosi esatte di fiducia, condivisione e via discorrendo per la costruzione del vostro "piatto", cioè lo stare bene insieme. Mi piacerebbe poterlo fare perché significherebbe aver fatto la scoperta del secolo e potrei brevettarla come la segretissima preparazione della Coca-Cola, ma purtroppo è impossibile perché l'unicità di ogni singolo essere umano non permette di individuare una formula valida per tutti.

È per questo motivo che, per vivere bene la relazione amorosa, è necessario approfondire la conoscenza dell'altro e trovare insieme, in maniera istintiva e naturale, il giusto ritmo da dare al rapporto per consentirgli di resistere e, al contempo, permettere a entrambi di essere pienamente soddisfatti della propria vita personale e di coppia.

Fatte queste debite premesse, è anche chiaro che a fronte di un tradimento si presenta un'alterazione dell'equilibrio e per recuperarlo, insieme o da soli, è necessario trovare la nostra personale risposta alla domanda in apertura.

Nella nostra quotidianità, chi più chi meno, siamo abituati a ritmi piuttosto sostenuti, a una sorta di slalom tra impegni sociali, lavoro e famiglia e qualche volta arriviamo a perdere di vista alcuni punti fondamentali. Quelli che riteniamo ovvi, che diamo per scontati. Siamo presi da quelle che consideriamo "priorità assolute" tanto da relegare la relazione ai ritagli di tempo e qui, proprio qui, può succedere l'inaspettato, l'incontrollabile, l'inimmaginabile: scopriamo di esser stati traditi. Avete presente l'impatto di uno tsunami? Spero per voi di no, ma immaginate uno scossone fortissimo che spazza via tutto, in primis le certezze che faticosamente avete costruito. L'immagine dell'altro viene distrutta, ma anche la nostra scricchiola parecchio. Il tradimento, senza mezzi termini, è un'esperienza assimilabile a un vero e proprio trauma.

Quando lo scopriamo, sulle prime sperimentiamo un dolore che appare metaforicamente come una stilettata in mezzo al cuore, talvolta lo sentiamo proprio fisicamente. L'emozione dominante, nemmeno a dirlo, è proprio la rabbia che ci "avvisa" del torto, ma non arriva da sola. È accompagnata dalla sensazione di rifiuto, che sembra dirci: «Vedi? Non basti, non sei abbastanza».

Mentre la rabbia vi spingerebbe a cercare una rivalsa, a vendicarvi, il rifiuto vi "tira" in direzione contraria. Potrebbe sussurrarvi «fai finta di niente», «cerca di apparire distaccato, come se la questione non ti toccasse». Agire in una direzione o nell'altra sulla scorta di queste emozioni non è una scelta razionale, né tantomeno saggia. Da una parte potreste ritrovarvi a fare qualcosa che non risponde ai vostri valori, dall'altra non vi date la possibilità di attraversare il dolore, che è invece senza alcun dubbio una tappa obbligatoria per una risoluzione positiva del conflitto interiore. Se reagite negando o mascherando le vostre emozioni, per prima cosa queste verranno a farvi visita in altre occasioni, e saranno probabilmente degli ospiti indesiderati che si presenteranno con doni ancor più sgraditi, ma soprattutto, non vi darete modo di esprimere almeno a voi stessi i vostri sentimenti.

A prescindere da quella che è la vostra esigenza, e quindi che si tratti di piangere ascoltando Zarrillo, oppure di iniziare ad allenarvi per la maratona o mandare dei vocali lunghi quanto audiolibri alla vostra migliore amica, l'importante è che voi possiate dare voce al dolore. Se non lo avete già dimenticato, è proprio così che ho esordito: ricordandovi di dare voce alle emozioni. Senza giudicarle. Dunque, una volta che si supera la primissima fase di delusione mista a rabbia, arriva il momento di fare un passetto in avanti e cercare di focalizzare e analizzare in maniera critica ciò che è accaduto. Questa fase di solito è una lineare conseguenza della metabolizzazione del tradimento; infatti, la nostra mente ci porterà a effettuare una sorta di retrospettiva di quanto abbiamo ipotizzato, sperimentato e vissuto prima di scoprire cosa è successo. Purtroppo per voi, se pensate che il tipo di analisi a cui mi riferisco sia concentrarsi su tutta una serie di indizi sottovalutati in prima battuta, devo deludervi. Non è il sentiero corretto, o per lo meno, non è quello che vi condurrà alla vetta. Quando parlo di elaborazione mi riferisco all'individuazione di quegli aspetti che magari erano carenti nella vostra relazione: per esempio, la scarsa condivisione, l'impossibilità di coltivare interessi comuni, una vita sessuale poco attiva, una divergenza di opinioni sempre più spiccata, o la mancanza di dialogo.

Questa lista non è esaustiva, ma può rivelarsi utile per riflettere sugli elementi di contrasto, che comunque non costituivano un motivo valido per il tradimento, ma di sicuro rappresentavano le fragilità che hanno compromesso l'equilibrio della coppia.

La maggior parte degli studi sul perdono enfatizza un cambiamento motivazionale in cui diminuiscono le tendenze di risposta negativa verso chi tradisce (per esempio ritorsione e vendetta).

Perdonare un tradimento significa però anzitutto essere disponibili a lavorare sulla ricostruzione della coppia; il perdono è infatti un atto di coraggio, di altruismo e di maturità non sottovalutabile. Il presupposto della scelta quando si decide di percorrere questa strada sta nel mettere da parte qualsiasi forma di risentimento e di rabbia nei confronti dell'altro, e per arrivare a questo è indispensabile entrare nell'ottica che il lavoro da fare su se stessi per esprimere nuovamente disponibilità verso l'altro è impegnativo. Per una ripartenza della coppia, infatti, è fondamentale che entrambe le parti profondano impegno e responsabilità. Pertanto il processo del perdono, oltre a richiedere una buona dose di fatica individuale, include anche una condivisione di intenti.

Ciò è necessario per consentire ai partner di riavvicinarsi con sincerità e tolleranza, al fine di individuare insieme dei possibili punti di incontro che permettano di risperimentare lo slancio iniziale.

Quello che non può mancare nelle nostre intenzioni, accostandoci all'idea del perdono dopo un tradimento, è la volontà di provare a reinventare la relazione con la genuina consapevolezza di poter accantonare non solo le divergenze, ma soprattutto i risentimenti.

Il tradimento, quando si sceglie di perdonarlo, può essere l'occasione per rendere la coppia più consapevole e matura.

È evidente che quanto detto in queste ultime righe non sia ipotizzabile, né tantomeno condivisibile, appena il tradimento viene scoperto. Sul momento è più facile immaginarci ruggenti con il fumo che fuoriesce dalle orecchie, ma se dopo un po' scegliamo di percorrere la strada in salita della ricostruzione, una catastrofe di tale portata diventa un'opportunità: quella di migliorarsi (individualmente e reciprocamente) e soprattutto di acquisire maggiori consapevolezze che hanno a che fare con la sincerità. È lei l'assoluta protagonista, a questo punto.

Per perdonare bisogna essere audaci, entrambi, si deve decidere consapevolmente di aprirsi all'altro senza titubanze, avendo la sfrontatezza di far emergere i problemi e le situazioni poco piacevoli che hanno contribuito a determinare il tradimento. È soltanto attraverso queste tappe obbligate che la crisi e il tradimento possono diventare maestri anziché nemici, ovvero nel confronto reciproco e attraverso il dialogo, talvolta anche forzato, ma comunque necessario, e nella condivisione dei rispettivi punti di vista, anche quando si tratta di posizioni completamente divergenti.

La conoscenza delle esigenze del partner è un elemento che garantisce assoluta consapevolezza reciproca, ma anche la conoscenza di noi stessi ci aiuta a comunicare con il partner nella maniera più limpida e chiara possibile. Su queste basi si può ricostruire la relazione ed è possibile mettere in campo una serie di accorgimenti che ci aiutino a far sentire l'altro nuovamente compreso, o per lo meno maggiormente compreso di prima circa quelli che sono i suoi bisogni.

Tuttavia può anche succedere che durante questo processo si affacci alla nostra porta un'emozione sgradita: il timore. Quando abbiamo vissuto un'esperienza possiamo essere portati a pensare che, in condizioni simili, la vivremo anche nel futuro, quindi nel processo di ricostruzione della coppia dopo un tradimento si può temere che un episodio simile possa ripetersi. Ecco, è cominciando da questa paura che bisogna reimparare a fidarsi.

Se la sensazione di camminare sulle uova può essere normale, è però indispensabile ricostruire la fiducia. Se si sceglie di perdonare questa è un elemento imprescindibile, oserei dire prioritario, affinché due persone possano stare insieme e camminare appaiate sulla strada della condivisione.

È intuitivo quello che sto per specificare: non si ricostruisce la fiducia con la bacchetta magica, a meno che tu non sia Harry Potter. Si tratterà piuttosto di una sorta di gioco a difficoltà progressive, in cui ti immagino piuttosto come Super Mario, che a ogni quadro si avvicina un po' di più al castello.

Chi ha tradito dovrà essere in grado prima di tutto di "sentire" e poi manifestare un autentico pentimento, accompagnandolo alla volontà cosciente di una ripartenza in cui il rispetto dell'altra persona sia evidente e completo. Per dimostrare questo dovrà profondere impegno, dedizione e serietà, avvicinandosi all'altro con estrema sincerità e valorizzando la relazione in ogni suo aspetto, accantonando completamente l'errore commesso ed evitando di rimuginare sull'accaduto.

Mentre chi è stato tradito ha un compito assai arduo: aprire la propria mente per oltrepassare l'evento e focalizzare l'attenzione sul bello del rapporto. Nella fase iniziale questa impresa apparirà titanica, una cosa al cui confronto le fatiche di Ercole potrebbero sembrare scampagnate domenicali, ma solo mettendo da parte rancore e risentimento il perdono può definirsi realisticamente tale.

Abbiamo esplorato il perdono, ne abbiamo esaltato il coraggio, ma sia chiaro che anche la decisione di chiudere una relazione dopo essere stati traditi non è un segno di debolezza. Al contrario, quando il tradimento rappresenta l'ultimo atto di una pièce che oggettivamente non valeva il prezzo del biglietto, "protestare" metaforicamente appare come qualcosa che dobbiamo a noi stessi. Mi riferisco a quando ci rendiamo conto che andare avanti nella relazione non ha più senso, almeno per noi.

Talvolta infatti il tradimento, esperito o subito, è da considerare un pretesto per dire basta. Questo accade in tutte quelle situazioni caratterizzate da una mancanza di coraggio che era a monte, quando, per dirla semplice, cogliamo la palla al balzo. Non sappiamo come uscirne e approfittiamo del passo falso.

La complessità delle molteplici dinamiche che contraddistinguono le relazioni d'amore non mi permette di catalogarle tutte, ma posso dirvi che il coraggio di porsi degli interrogativi è fondamentale, così come lo è la tempistica in cui farlo. La domanda, per quanto banale possa apparire, include il quesito standard: si tratta di abitudine o di altro?

Se non avete voglia di riflettere su questo aspetto rischiate di non accorgervi dei fossati con i coccodrilli o delle altre insidie possibili, ma soprattutto potreste non accorgervi dei muri che state erigendo a protezione di non si sa bene cosa. In pratica state costruendo mattoncino dopo mattoncino una crisi nera.

Quando ci si trova di fronte a un tradimento è indispensabile cogliere la vera valenza del gesto e, se si tratta di un momento di debolezza, ha senso riprovarci. Al contrario, se questo è il gran finale di qualcosa che ritenete insanabile, è più corretto e maturo rivolgere lo sguardo altrove, per evitare una condizione di perenne infelicità. Lo dovete a voi stessi. E forse un pochino anche al vostro partner, benché colpevole.

Se non siamo abituati a guardarci dentro, e per farlo non intendo con l'aiuto di un radiologo, il tradimento può rivelarsi un momento catartico perché ci costringe a farlo. Sotto il profilo psicologico comporta una buona dose di autoanalisi perché abbiamo diversi compiti da affrontare, in primis quello di riuscire a mettere un argine al senso di smarrimento, qualora dovessimo propendere per il perdono.

LA NOSTRA BUSSOLA

Al di là della scelta in un verso o nell'altro, a voi servirà tenere in considerazione il concetto di autostima perché il processo di ricostruzione inizia da qui. Non dall'oblio. Se avete subito un tradimento non significa che vi "manca qualcosa", ma semplicemente che il rapporto di coppia ha una falla. È come un tubo che perde da un microscopico forellino, quello delle mancanze emozionali.

Non vi servirà a molto crogiolarvi nel dolore e nemmeno ricercare la commiserazione dalla vostra comitiva: sarà importante adottare un atteggiamento propositivo, per sentirvi più stabili e soprattutto per creare basi più solide laddove l'orientamento sia verso il rilancio della relazione.

Dimenticare è impossibile. Rimuovere è malsano. Ma se si sceglie di andare oltre è importante sapere che la vostra mente è in grado di processare l'accaduto. Ci vuole tempo, ma se si imbocca questa via è utile evitare di porre continue domande, rimuginando sugli eventi e cercando di scovare i minimi dettagli.

Ponetevi questa domanda: continuereste all'infinito a togliere la crosticina di una ferita sapendo che ogni volta il lavoro delle piastrine deve ricominciare da capo?

Se scegliete di andare avanti è indispensabile non essere ossessivi: non vi servirà a nulla esercitare un controllo stringente sugli spostamenti, le frequentazioni amicali e lo smartphone del vostro compagno/a. È un comportamento utile solo a tenere a bada la vostra ansia, ma alimenta quella nel rapporto e allontana il partner.

Il perdono non è un ricatto, né una condanna all'ergastolo. Anche nei momenti di intimità è indispensabile godere unicamente del presente, sapendo che avete il potere di controllare i vostri pensieri.

C'è un luogo comune, forse in parte anche veritiero, che ci porta a ritenere che il "peggio" sia essere traditi e non tradire, ma un'altra verità è che spesso chi tradisce sperimenta un senso di colpa lacerante. Gli interrogativi non sono vissuti a senso unico, capita anche ai fedifraghi di soffermarsi a chiedersi: «Perché l'ho fatto?».

Che lo si compia o lo si subisca, il punto di domanda quando si tratta di tradimento è sempre presente, perciò vi consiglio di mettervi al riparo da alcuni errori che vi sto per elencare: comportamenti spesso dettati dalla rabbia o dalla fretta, dal bisogno di arrivare a una conclusione certa e netta.

- Non puntate il dito: chi vi ha tradito ha sbagliato, ma in una relazione si è sempre in due. Non sto dicendo che le colpe vadano necessariamente divise alla pari, ma provate a chiedervi cosa potreste aver sbagliato voi.
- Non prendetevela con la "terza parte". A meno che non si tratti di un vostro caro amico, di un parente o di una persona con cui avete un legame affettivo forte tanto quello che pensavate di avere col partner, per quale motivo dovreste attribuirle una colpa?
- Evitate la vendetta. È sterile. È una soddisfazione effimera. Rapida sicuramente, ma non risolutiva. La definirei al contrario dannosa.
- Non prendete decisioni affrettate. Ponderate ogni scelta, per quanto possa sembrarvi assurdo, e concedetevi del tempo.

Non solo superarlo, ma soprattutto affrontare un tradimento è un processo che, come avete visto, può rivelarsi particolarmente complesso: ripartite da voi stessi e fatelo con la consapevolezza che ogni impresa difficile può portarvi a scoperte straordinarie.

6

STRUTTURARE L'AMORE

Siamo quasi giunti al capolinea di questo lungo viaggio insieme, una bella passeggiata in cui abbiamo esplorato l'universo delle relazioni dalle prospettive più disparate. Abbiamo analizzato l'innamoramento, splendido come una Parigi in primavera, e l'abisso delle dipendenze, doloroso come la visione di una Kabul bombardata. Adesso abbiamo davanti l'ultima tappa, la più complessa, perché l'idea deve prendere una forma e declinarsi nella pratica. Incute un certo timore il pensiero che anche un sentimento a un certo punto possa "strutturarsi" perché questo termine rimanda più a tecnicismi ingegneristici che ad aspetti psicologici, eppure è esattamente ciò che accade. All'inizio si è due sconosciuti, si passa attraverso la magia e l'enigma dell'incontro, si "contratta", si diventa coppia e si inizia a parlare alla prima persona plurale.

A quel punto, quando gli amici vi chiedono «sabato a pranzo cosa fai?», non rispondete più «*io* vado da mia sorella», ma «*noi* andiamo al lago», «*noi* siamo in campagna» e via dicendo, perché molti dei ritagli di tempo libero sono felicemente destinati alla condivisione e questo è bello, molto bello. Naturale, chiaro, semplice. Si è, anche se si sono superati gli "anta", deliziosamente soprannominati "i fidanzatini", ma giunge un momento in cui bisogna progredire, strutturarsi, appunto.

Paradossalmente, quando si è più giovani si è un filo più avvantaggiati, perché la decisione del primo passo da fare è più discussa e almeno all'inizio segue un iter preciso. Mi spiego meglio: se non siete più giovanissimi e magari avete alle spalle una relazione importante (matrimonio o convivenza che sia), con una nuova storia correte il rischio di ritrovarvi a convivere senza averlo ponderato con attenzione, ma semplicemente perché, a poco a poco, è successo: tutto comincia da un innocuo spazzolino lasciato in bagno, e d'un tratto ci si ritrova con metà armadio a disposizione. Tra il "darsi una definizione" e vivere la relazione "in maniera casual" lo spazio di condivisione non sono per forza le mura di una casa, ma più di tutto la presenza di qualcuno che vi sta accanto, e le domande e risposte reciproche sul da farsi, insieme, e sulla forma che si vorrebbe dare alla propria vita.

Matrimonio o convivenza

Ancora oggi è un bel dilemma, nonostante per la maggior parte di noi non vi sia più la difficoltà di lasciare la casa dei genitori senza una fede al dito.

Nel matrimonio due persone rendono pubblica, ufficiale e permanente la loro relazione. È l'unione di due individui in un legame che in teoria dovrebbe durare fino alla morte, ma in pratica (e accade spesso) può venire interrotto dalla separazione o dal divorzio. Questa prospettiva può non apparirvi edificante, ma è una possibilità ed è bene che l'abbiate presente.

Il matrimonio è fonte di grande gioia per molti, ma porta anche sfide e cambiamenti non solo pratici. Non si limita a cambiare lo stato civile e la routine delle persone: cambia anche la loro personalità, soprattutto nei primi anni. E ce lo spiega la scienza.

Si dice spesso che i coniugi tendano ad assomigliarsi sempre di più nel corso degli anni e una ricerca condotta da Justin Lavner, psicologo dell'Università della Georgia, mostra che la personalità di moglie e marito si modifica entro il primo anno e mezzo di matrimonio.

Gli psicologi sono divisi sulla questione se la personalità sia determinata in modo innato dai geni o modellata dalle esperienze della prima infanzia, e molti la definiscono come una combinazione di natura e educazione. Nell'età adulta la personalità sostanzialmente si stabilizza, tuttavia alcune ricerche hanno dimostrato che i principali eventi della vita possono modificarla e il matrimonio, ovviamente, rientra a buon diritto tra gli eventi più significativi dell'esistenza di un individuo. Dato che le persone sposate devono trovare il modo di andare d'accordo quotidianamente, forse non sorprende che la loro personalità subisca piccoli cambiamenti. Questa è l'ipotesi testata da Lavner e dai suoi colleghi.

Nello studio, 169 coppie eterosessuali sono state reclutate per rispondere ad alcune domande in tre momenti del loro matrimonio: dopo sei, dodici e diciotto mesi. In questo modo i ricercatori hanno potuto rilevare eventuali tendenze al cambiamento.

Moglie e marito hanno risposto individualmente a due questionari, uno che valutava la soddisfazione coniugale e l'altro che "misurava" i tratti della personalità secondo la teoria dei Big Five, ovvero:

1. Apertura, cioè la disposizione alle nuove esperienze. Se siete molto aperti, vi piace provare cose nuove; in caso contrario, vi sentite più a vostro agio con ciò che è familiare.
2. Coscienziosità. Fa riferimento a ordine e affidabilità. Per esempio se siete molto coscienziosi, vi piace essere puntuali e mantenere in ordine i vostri spazi di vita e di lavoro; in caso contrario, non siete nervosi riguardo alle scadenze e vi sentite a vostro agio nel vostro ambiente disordinato.
3. Estroversione. Se avete un alto livello di estroversione, vi piace socializzare con altre persone; se invece siete introversi, preferite avere tempo per voi stessi.
4. Gradevolezza. Quanto andate d'accordo con gli altri. Se ne avete un alto livello, potreste apparire piuttosto conformisti, siete empatici, accomodanti e felici di fare quello che fanno tutti gli altri. Altrimenti preferite fare le cose a modo vostro e non siete particolarmente inclini a cooperare.
5. Nevroticismo. Si riferisce alla stabilità emotiva. Se ne avete un alto livello, avvertite grandi sbalzi d'umore e potete essere piuttosto capricciosi; in caso contrario, mostrate un umore relativamente stabile e vivete la vostra vita in modo equilibrato e controllato.

Quando i ricercatori hanno analizzato le risposte dopo diciotto mesi di matrimonio, ecco quali tendenze nel cambiamento della personalità tra marito e moglie hanno scoperto:

- Apertura. Le mogli hanno mostrato una diminuzione dell'apertura e forse questo cambiamento riflette la loro accettazione della routine del matrimonio.
- Coscienziosità. La coscienziosità dei mariti è aumentata significativamente, mentre il livello di quella delle mogli è rimasto grosso modo invariato. I ricercatori hanno notato che le donne tendono a essere più coscienziose e l'aumento della coscienziosità negli uomini probabilmente riflette la loro comprensione dell'importanza di essere affidabili e responsabili nel matrimonio.
- Estroversione. I mariti diventano più introversi nel primo anno e mezzo di matrimonio. Altre ricerche hanno dimostrato che le coppie sposate tendono a ridurre le proprie reti sociali. Tendenza che probabilmente riflette proprio questo calo nella dimensione di estroversione.
- Piacevolezza. Sia i mariti sia le mogli sono diventati meno "gradevoli" nel corso dello studio, ma la tendenza è particolarmente evidente per le donne.
- Nevroticismo. I mariti hanno mostrato un leggero (ma non statisticamente significativo) aumento della stabilità emotiva. Le mogli ne hanno mostrato uno molto maggiore. In generale, le donne tendono a riportare livelli più elevati di instabilità emotiva rispetto agli uomini ed è quindi facile ipotizzare che l'impegno matrimoniale abbia un effetto positivo sulla loro stabilità emotiva.

Per quanto riguarda la soddisfazione coniugale, non sorprende il fatto che sia diminuita sia per i mariti sia per le mogli nel corso dello studio. Magari non in maniera statisticamente significativa, ma dopo diciotto mesi, la luna di miele è senza dubbio finita.

Se state pensando di sposarvi, quindi, potete aspettarvi dei cambiamenti nel vostro partner, ma forse non quelli che immaginate. Quindi, il miglior indicatore della riuscita di un matrimonio è sempre la personalità dei due partner quando scelgono la via della relazione. Le coppie felici ed emotivamente stabili creano matrimoni felici ed emotivamente soddisfacenti, ma quando i partner portano un bagaglio di negatività nella relazione, è probabile che il viaggio sia accidentato.

La vostra scelta tra matrimonio o convivenza, insomma, deve riflettere solo le vostre preferenze personali, le vostre convinzioni culturali, religiose e anche legali.

Per esempio il matrimonio è un impegno legale che offre diritti specifici, come benefici fiscali o di eredità, ed è inoltre un simbolo sociale perché per molte persone rappresenta un impegno pubblico e simbolico di amore e dedizione reciproca. In molte culture è anche un rito tradizionale e sociale che può avere un significato particolare per la famiglia di origine e la comunità, e offre l'opportunità di celebrare l'amore e l'unione con una cerimonia formale e/o religiosa. Ma anche e soprattutto con una bella festa.

In termini di impegni, la convivenza offre maggiore flessibilità rispetto al matrimonio e comporta meno formalità: le coppie possono vivere insieme senza stipulare contratti legali, non è prevista una cerimonia e ciò consente ai partner di concentrarsi solo sulla relazione, senza pressioni esterne.

Può essere inoltre meno costosa rispetto al matrimonio, proprio perché non ci sono spese associate a cerimonie e a documenti legali. In ultimo, la convivenza offre la possibilità di vivere insieme senza le limitazioni sociali o religiose associate al matrimonio, consentendo alle coppie di personalizzare la relazione secondo le proprie esigenze e i propri desideri.

Tuttavia la convivenza, come il matrimonio, coinvolge aspetti emotivi, psicologici e relazionali importanti. Presuppone intimità e vicinanza emotiva, la condivisione di uno spazio vitale e, anche se meno formalizzata rispetto al matrimonio, può comunque essere alla base di un profondissimo legame emotivo tra i partner. Richiede una comunicazione aperta e chiara per affrontare le questioni pratiche legate alla vita quotidiana, come la divisione dei compiti domestici, la gestione delle finanze e degli spazi. Vivere insieme comporta la creazione di routine e ritmi di vita condivisi, che possono contribuire a creare un senso di stabilità e sicurezza; inoltre offre l'opportunità per i partner di diventare un sostegno reciproco nelle sfide grandi e piccole della vita quotidiana, come l'affrontare lo stress lavorativo, i problemi familiari o le difficoltà finanziarie. Essere presenti l'uno per l'altro in situazioni di bisogno può rafforzare il legame tra i partner a prescindere dal fatto che tra loro vi sia o meno un vincolo legale o religioso.

Anche se per alcune coppie la convivenza può essere un passo verso il matrimonio, per altre può rappresentare una scelta autonoma e significativa. È importante che entrambi i partner riflettano sulla relazione e sulle proprie aspettative per il futuro, assicurandosi che i loro obiettivi e desideri siano in sintonia.

In sintesi, la convivenza può offrire molte opportunità per la crescita personale e relazionale, ma per avere successo nel lungo termine richiede impegno, comunicazione e rispetto reciproco da parte dei partner. Esattamente e analogamente al matrimonio.

Figli sì o no. La genitorialità

Se pensavate di aver superato l'ostacolo della strutturazione dell'amore solo con questa agile parentesi su matrimoni e convivenze, vi sbagliavate di grosso. Non a caso a inizio capitolo ho detto che questo argomento era il più complicato. Non è semplice fornire strumenti per giuste riflessioni sull'iter da seguire, e soprattutto non è semplice farlo senza lasciar trasparire le proprie convinzioni personali. Che poi è anche il presupposto essenziale per chi fa il mio mestiere: i miei valori possono non coincidere con i vostri. Ma quando sceglierete la vostra strada vorrei che lo faceste con la tranquillità di chi ripara l'asse di un sanitario sapendo di avere a disposizione una cassetta degli attrezzi in cui c'è tutto quello di cui si può aver bisogno.

Sì, lo so, forse la metafora non è delle più calzanti, ma io non ho mai riparato una tavoletta del bagno e forse non l'ho mai fatto proprio perché non sapevo se avevo a disposizione tutto il necessario.

Quindi ora siamo nella situazione in cui, dopo aver passato un po' di tempo insieme, sposati o no, si è trovata una casetta delle giuste dimensioni, una bella camera grande, il salotto con cucina a vista e un bagnetto che, seppur di soli quattro metri quadrati, consente a ognuno di disporre dello spazio necessario. Perciò, se non capita per caso, e si accoglie quel che il fato ha avuto in serbo per noi, arriva anche la domanda a bruciapelo, quella che ognuno prima o poi si fa tra sé: figli sì o no? Ma soprattutto, eventualmente, figli quando? Qua la situazione diventa spinosetta se le risposte dei due partner sono opposte.

Arriva infatti un momento nella vita in cui sentiamo il bisogno di realizzarci, e questa necessità include varie aree, come il lavoro, il dare un senso al tempo che viviamo, il soddisfare l'aspettativa di avere una famiglia. La nostra società, infatti, è ancora in parte caratterizzata dalla pressione ad avere figli (molto spesso questa proviene proprio dalla famiglia di origine e talvolta anche dalla nostra rete sociale, da tutte quelle amiche, per capirci, che ormai girano con passeggino e biberon, mentre noi a malapena ci sentiamo in grado di provvedere autonomamente al cambio della biancheria).

Fino a poco tempo fa si dava per scontato che tutti volessero mettere su famiglia, ma questa concezione sta cambiando radicalmente.

Molti pensano che avere figli riduca la libertà di una coppia e generi complicazioni. Educare dei bambini richiede tempo che molte persone non sono disposte a investire, perché magari a dare senso alla loro vita sono sufficienti il lavoro e gli impegni sociali.

Dobbiamo pensare alla possibilità di avere figli come a un desiderio. E poiché si tratta di un desiderio, è corretto che ognuno abbia la possibilità di vivere il proprio, senza condizionamenti. Avere dei figli non è un dovere. Non averne non dovrebbe mai essere causa di esclusione, né tantomeno qualcosa da etichettare come "innaturale" o "sbagliato". Poter creare una famiglia è un diritto sacrosanto, come lo è scegliere di chiamarsi famiglia anche se si è solo in due. Mettere al mondo dei bambini non è un obbligo, lo è invece maturare la capacità di scegliere per noi stessi e garantire questa possibilità a tutti.

Ciò detto, in una maniera che più netta non si potrebbe, voglio esporvi alcuni dei motivi che possono indurre qualcuno a non volere figli.

Due delle principali cause del significativo declino della natalità sono probabilmente l'incertezza sul futuro e l'instabilità economica che caratterizza questo periodo. L'età delle persone che hanno figli è aumentata progressivamente nel tempo; insomma, le persone fanno figli sempre più tardi e, di conseguenza, sempre meno.

Tuttavia, oltre alle cause che non sono strettamente pertinenti alla mia sfera di competenza, ci sono anche motivi esclusivamente psicologici che spingono i giovani di oggi a ripensare al loro ruolo di genitori.

Una delle motivazioni può essere un cambiamento nella loro identità. Non molto tempo fa, infatti, essere donna significava assiomaticamente essere madre, ma questo modello sta cambiando. Le donne ora hanno più libertà e possono esprimere i propri desideri, che non sempre sono compatibili con la maternità. Cercano una libertà che sarebbe impossibile da raggiungere in altro modo, quindi i figli, semplicemente, possono non entrare nel loro piano di vita.

Un'altra causa potrebbe essere il timore di non essere in grado di soddisfare i requisiti del compito insito nella genitorialità. Chi ha avuto un'infanzia complessa o frustrante, con figure di attaccamento inadeguate, distanti e ambivalenti, può avere paura di mettere in pratica quelli che John Bowlby chiamava modelli operativi interni, ovvero strategie che sono state acquisite dalle figure di riferimento nei primi anni di vita. Inoltre, essere genitori significherebbe, per alcuni di noi, riproporre i modelli relazionali che abbiamo imparato e che, a torto o a ragione, abbiamo incorporato nella nostra cultura.

Diventare genitori è la decisione più importante che due persone possano prendere insieme, e al netto di tutto vi assicuro che una scelta del genere può essere molto difficile, soprattutto se si è alle prese con il contesto mutevole della vita in generale, fra studi, carriera e impegni; inoltre, potreste scoprire che voi e il vostro partner non siete in sintonia. Quindi cosa succede quando si palesa un profondo disaccordo sull'avere figli, con una persona che li vuole e l'altra che non li vuole? Quando la posta in gioco è così alta, una relazione può resistere?

I bambini sono spesso visti come un logico passo avanti in qualsiasi relazione stabile. È perciò comprensibile che vi sentiate un po' "anomali" se non li volete, ma non per questo dovete sentirvi sbagliati. Ciò vale soprattutto per le donne, che spesso riferiscono di percepirsi particolarmente giudicate quando rivelano apertamente di non desiderare dei figli.

Quando avete vent'anni, non c'è quasi nessuna pressione sociale e biologica per averne e sentite che c'è ancora molto tempo per decidere. Per le donne, via via che si avvicinano alla metà e alla fine dei trent'anni, è l'imperativo biologico che spesso guida il processo decisionale, con la necessità di rimanere incinta prima che il tempo "scada". Se si è donne in questa fascia di età e non si ha una relazione stabile possono spesso sorgere interrogativi, ci si chiede se si avrà il tempo di trovare un partner, innamorarsi e poi provare ad avere un bambino e, sebbene gli uomini non abbiano lo stesso assillo temporale, potrebbero comunque preoccuparsi di diventare dei "papà vecchi".

C'è poi l'aspetto dato dalla pressione di avere figli in momenti simili ai coetanei, per trovare supporto e occasioni di connessione durante la prima infanzia. Quindi, se gli amici stanno allargando la famiglia, questa potrebbe essere una leva che muove la decisione per alcune coppie che magari avrebbero rimandato.

In una società in cui avere figli è considerato comune (per quanto in realtà se ne facciano sempre meno per motivi economici e sociali), non volerli può costringervi a giustificarvi o a spiegare ripetutamente le vostre motivazioni. Può essere una scelta sfidante in varie fasi della vita: per esempio, potreste perdere alcuni amici che invece si ritrovano impegnati nella costruzione di una famiglia con bambini; potreste avere meno persone con cui uscire; potreste trovarvi in difficoltà in età avanzata senza il sostegno dei figli (così come qualunque anziano che rimane solo, avendo o meno messo al mondo dei figli). Dunque la cosa veramente importante è che voi e il vostro partner siate uniti nella vostra decisione.

Quando un partner non vuole figli e l'altro invece ne sente forte il desiderio, può crearsi una crisi. Non avere bambini potrebbe essere considerato un sacrificio considerevole per qualcuno e, se questo aspetto non viene risolto, può portare a un significativo risentimento all'interno della coppia.

È anche sbagliato presumere che, una volta nato il bambino, il genitore "meno convinto" si innamorerà di lui e si avvicinerà alle responsabilità di accudimento, perché questo è un presupposto davvero precario.

Se si è in palese disaccordo su questa scelta è importantissimo prendersi tutto il tempo necessario per discuterne nel dettaglio e fare insieme le valutazioni del caso. Tanto per cominciare, è essenziale ascoltare con attenzione. Per esempio, se il vostro compagno è irremovibile sul non volere dei figli, prendetelo sul serio. Non limitatevi a presumere che cambierà idea, perché ciò potrebbe non accadere mai o potreste non avere più tempo per scoprirlo. Bisogna poi essere onesti. Molto onesti. Se volete dei figli, non nascondetelo. Nelle fasi iniziali di una relazione potreste pensare di dover minimizzare il vostro desiderio nel caso in cui vi accorgiate, magari, che l'argomento fa sentire sotto pressione il vostro partner, ma è fondamentale per il bene di entrambi essere chiari su chi si è e su cosa si vuole. Questo è l'unico modo per costruire le basi di una relazione solida.

Bisogna parlare apertamente o il tema "bambini" può diventare come l'elefante nella stanza ed entrambi potreste fare supposizioni erronee sulla posizione dell'altro. È importante tenere a mente che qualunque posizione, anche la più netta, può essere rivista, ma ciò avviene solo a patto che se ne discuta in maniera chiara, evitando i non detti. Quelli degli accordi taciti, per capirci.

Occorrono consapevolezza e responsabilità nel dire

apertamente no, se è quello che si sente. Se infatti è questa la vostra convinzione, pensate a cosa comporterà a lungo termine per la relazione e per il vostro partner. Non potrete passare la vita cercando di risarcire qualcuno per la sua rinuncia, ma dovete essere consapevoli di ciò che significa per voi, come individuo e come coppia. In questo scenario, se sorgono dei dubbi sulla relazione, è forse preferibile separare le proprie strade piuttosto che imporre la propria decisione all'altro o passare una vita immersi in un senso di colpa inconsolabile.

Dall'altra parte, occorre altrettanta responsabilità nell'accettazione del no. Se scegliete di accettare questo rifiuto, mettendo da parte il vostro desiderio di avere figli per continuare la relazione, siate consapevoli che ciò non può costituire un fardello emotivo da portare con voi per il resto della vostra esistenza, né tantomeno qualcosa per cui vi aspettate la riconoscenza del partner con il quale, a quel punto, pensate di essere in credito.

Se accettate di non avere figli, dovete farlo stabilendo però cosa volete. Avete altri obiettivi? Essere innamorati e in una relazione impegnata potrebbe sembrarvi sufficiente, ma per qualcuno che ha sempre desiderato dei bambini potrebbe non essere abbastanza. L'apertura, l'onestà e la responsabilità verso la propria decisione sono fondamentali per definire una via da seguire.

Quando invece due persone desiderano diventare genitori, entra in gioco nella coppia il grande tema, appunto, della genitorialità (con le sue implicazioni e difficoltà).

La prima cosa che dovete sapere è che diventare genitori non coincide con l'evento della nascita, ma è qualcosa di connesso a un lungo processo di elaborazione delle proprie relazioni affettive, e ciò determina anche un'alterazione nell'equilibrio della coppia. Tale alterazione può portare al formarsi di un nuovo equilibrio favorevole a una relazione armoniosa bambino-genitori, ma può anche innescare una situazione di disagio che si manifesterà in interazioni disturbate. La genitorialità implica un sostanziale riassetto delle relazioni interpersonali all'interno della rete di parentela della coppia stessa.

Le questioni irrisolte con le famiglie di origine possono infatti interferire con il funzionamento della coppia e talvolta "spingere" alla scelta di avere un figlio per motivi non propriamente corretti, come per esempio il bisogno di colmare un vuoto affettivo: il bimbo assume di fatto una funzione di supporto diventando una sorta di "rimedio" per le proprie solitudini o l'elemento sostitutivo di un amore familiare (o di coppia) percepito come assente.

Un altro errore che si può commettere è quello di fare un figlio per "trattenere" il partner all'interno della relazione o nel tentativo di ravvivarla quando sembra essere in crisi, o addirittura di utilizzarlo come sollecitazione delle cure parentali. Infine, bisogna tenere a mente che un figlio non può essere considerato un prolungamento di sé e dei propri bisogni infantili, non è un mezzo attraverso cui colmare tali lacune, né qualcuno a cui pensare di poter dare tutto ciò che ci è mancato, perché questo porterebbe a perdere di vista il "bambino reale" e le sue personali esigenze.

La nascita di un figlio, inoltre, produce un effetto "onda" che mette alla prova la tenuta della coppia. Il rapporto tenderà a rafforzarsi nelle coppie solide e a restare invece disfunzionale o a disorganizzarsi ulteriormente nelle coppie più fragili.

La nascita di un bambino altera le abitudini, i ritmi, gli orari, fa "perdere" il tempo privato; cambia la rappresentazione del partner così come le esperienze di intimità.

Avere il primo figlio e diventare genitori è un evento importante nella vita e può influenzare in modo significativo le relazioni. Le coppie devono affrontare i cambiamenti imposti dalla gravidanza, dal parto e dalla genitorialità, nonché tutti gli altri innescati nelle proprie reti di relazione. Per esempio, i nonni spesso sono più coinvolti nella vita di tutti i giorni. Ciò può far emergere sentimenti e potenziali problemi relativi al rapporto con loro o alla propria infanzia. Le interazioni sociali con gli amici si modificano a causa delle esigenze date da nuove priorità.

Per la coppia è importante condividere i sentimenti relativi alla gravidanza. Ci sono cose importanti da elaborare per entrambi i partner, come per esempio la reazione di ogni persona alla gravidanza stessa, i cambiamenti emotivi e sessuali che possono derivare da questa e dalla crescita di un figlio, le preoccupazioni per il futuro e via dicendo.

Una nascita cambia anche la situazione familiare e condividere l'esperienza è fondamentale. Entrambi i genitori avranno infatti pensieri ed emozioni di ogni tipo durante e immediatamente dopo. È importante parlarne, comunicando onestamente e rispettosamente il proprio sentire. Questo è un modo eccellente per formare forti legami familiari e modellare uno stile sano di coping che il bambino imparerà e svilupperà nel corso della vita.

Una comunicazione aperta con coloro che vi circondano

può aiutarvi ad affrontare e a venire a patti con questi cambiamenti e con ciò che ne può derivare.

Molte coppie che sono alle prese con la genitorialità, infatti, scoprono che la loro relazione si arricchisce e costituisce una grande fonte di forza e sostegno. Mentre per altre la relazione può sembrare instabile e questa sensazione può aumentare proprio nel periodo della gravidanza.

L'esperienza di ognuno nei primi mesi dopo la nascita del bambino è diversa. Per alcuni la transizione alla genitorialità sembra agevole, per altri può essere un momento di stanchezza e stress che li porta a diventare distanti e introversi.

Diventare genitori, infatti, può anche significare meno tempo da dedicare all'altro. Mentre ad alcune persone questo cambiamento non pesa, altre potrebbero sentirsi escluse o non amate, e quando accade è importante riconoscerlo e comunicare anche la tristezza per la perdita della propria relazione di coppia esclusiva.

L'incertezza nella sessualità è un altro aspetto rilevante connesso al diventare genitori. Alcuni ritengono che le esigenze genitoriali incidano sui loro bisogni sessuali e sul modo in cui fanno l'amore, dunque è importante che le coppie siano oneste e aperte al riguardo, proprio per evitare incomprensioni e far sì che un partner si senta magari rifiutato.

Diventare genitori è un viaggio magnifico laddove c'è condivisione e desiderio, uno step importante sotto diversi punti di vista, un generatore di cambiamenti individuali e relazionali che, come ogni bel cambiamento, va affrontato a viso aperto, con consapevolezza e apertura all'esperienza.

Una parentesi che non si può trascurare ha a che fare con

le dinamiche di una coppia che, pur desiderandoli, ha difficoltà ad avere figli, o scopre di non poterne avere. Oltre a essere un problema di natura medica, è anche un momento della vita che porta con sé tante ripercussioni sotto il profilo psicologico, generando sentimenti di vuoto, di colpa, di ansia e talvolta di depressione.

Desiderare dei figli implica, sul piano individuale, un'integrazione del "ruolo" di genitore nella propria identità, e sul piano di coppia richiede un riadattamento nel rapporto con l'altro. Socialmente, invece, la procreazione è in genere un aspetto evolutivo che ha a che fare con la garanzia di una discendenza.

Fatta questa premessa, dobbiamo ora ragionare su cosa accade nel momento in cui un bimbo tanto desiderato non arriva. Di solito una coppia ha alle spalle una serie più o meno lunga di tentativi falliti quando infine si rivolge a uno specialista cercando un aiuto, un sostegno, ma soprattutto una risposta: la motivazione è quella di voler comprendere cosa succede e ricevere indicazioni per una soluzione efficace. Inizia di solito così un lungo percorso di consultazioni, visite ed esami clinici alla ricerca del motivo che impedisce la desiderata gravidanza. Purtroppo non sempre si riesce a ottenere spiegazioni mediche oggettive e diventa quindi molto complesso accettare e poi elaborare la condizione di infertilità.

Secondo l'Organizzazione mondiale della sanità l'infertilità è una patologia che consiste nel mancato concepimento dopo dodici-ventiquattro mesi di regolari rapporti sessuali mirati non protetti. Per una coppia può essere uno shock trovarsi in questa condizione. I partner possono sentirsi disorientati perché d'un tratto devono fare i conti con qualcosa che esula dal loro controllo, ostacolando il desiderio condiviso di genitorialità.

L'idea che permea la nostra mente, infatti, è semplice: si decide di avere un figlio e dopo nove mesi si è alle prese con pannolini e pianti disperati in piena notte. Quasi nessuno si sofferma a prendere in considerazione la possibilità di non riuscire a concepire. Insomma, consideriamo il concepimento qualcosa di "scontato". Purtroppo, non sempre è così. Può accadere che il nostro corpo non riesca a realizzare ciò che viene considerato naturale ed è qui che le nostre convinzioni granitiche, i nostri assunti evaporano davanti alla realtà dei fatti. L'effetto è più o meno quello di un frontale. Stiamo procedendo tranquillamente in auto nel nostro senso di marcia, rispettiamo i limiti di velocità, abbiamo definito la destinazione e all'improvviso si frappone tra noi e il punto di arrivo un ostacolo contro il quale andiamo a sbattere violentemente: l'infertilità. L'esito non è un trauma di natura fisica, ma un timore atavico che si palesa in una sorta di mostruosità: quello di non poter diventare genitori.

In generale, quando ci troviamo ad affrontare qualcosa che non avevamo previsto e che esula dalla nostra capacità di controllo, la prima cosa che tentiamo di fare è dotarla di un senso. Ci serve per placare i nostri pensieri: conoscere la causa ed elaborare una strategia ci permette illusoriamente di tornare a sentirci padroni della situazione.

L'accanimento nella ricerca dell'acquisizione o della ri-acquisizione del controllo è tanto più forte quanto più è difficile, se non addirittura impossibile, stabilire la causa che spieghi la condizione di infertilità. In questo humus può attecchire il seme del senso di colpa, magari nell'imputare la causa della situazione alle scelte fatte superficialmente in passato da uno dei partner e relative allo stile di vita condotto. Tali comportamenti, anziché aiutare la coppia a fronteggiare psicologicamente il dispiacere in un momento di vulnerabilità, amplificano il peso della situazione rendendolo talvolta insostenibile.

Nei casi in cui l'infertilità sia legata alla condizione clinica di uno solo dei partner, la colpa, seppur in modo diverso, può comunque essere vissuta da entrambi. Chi presenta "il problema" si percepisce direttamente responsabile sia del fallimento del progetto sia della conseguente infelicità dell'altro. Invece l'altra persona, che potrebbe provare una sorta di rabbia o frustrazione, sperimenta un senso di colpa proprio a partire da queste emozioni, riconoscendole come ingiuste e irrazionali.

Quando ci rendiamo conto di non poter realizzare un progetto che consideravamo scontato, il senso di impotenza può essere molto forte e destabilizzante. Ci demoralizziamo facilmente perché, quando non si mettono in conto degli ostacoli, è più complesso metabolizzarli.

Il risultato è che viene a crearsi un "clima" psicologico caratterizzato da sentimenti di "difettosità": abbiamo l'impressione che ci manchi qualcosa, come se non fossimo interi o "normali". Non ci sentiamo in grado di fare ciò che invece per la maggior parte delle persone risulta semplice e naturale. Tale condizione si declina in una percezione di scarsa virilità o impotenza negli uomini, di inadeguatezza e non completezza nelle donne.

Un'altra condizione che può insorgere, da parte di entrambi i partner, è l'invidia nei confronti delle altre coppie, che trae origine dalla sofferenza di vedere gli altri avere ciò che noi possiamo solo desiderare. Se mal gestita, questa sensazione può condurre a un progressivo isolamento, principalmente per due motivi: il primo è dato dalla dissonanza emotiva (ovvero dal sentirsi costretti a gioire per gli altri, quando invece siamo addolorati perché a noi quella gioia è preclusa); il secondo dalla difficoltà, purtroppo spesso molto diffusa, di doversi confrontare con alcune domande scomode («E voi quando vi decidete a diventare genitori?», «Quand'è che ci regalerete un nipotino?») che alimentano le sensazioni di impotenza e incompletezza cui abbiamo fatto riferimento. Il dolore resta così intrappolato all'interno della coppia e della relazione, ci si chiude progressivamente e ciò aumenta il senso di solitudine.

In relazione a ciò che abbiamo detto non è difficile dedurre quanto l'infertilità costituisca una sfida notevole all'interno di un rapporto perché, laddove i partner non abbiano le risorse per affrontare il presente con tutta la resilienza che la circostanza richiede, può condurre a conflitti.

Proprio a questo proposito è necessario considerare l'infertilità come un motivo sufficiente a generare una vera e propria crisi, tanto per il singolo quanto per la coppia, pertanto è importantissimo che al verificarsi di una circostanza di questo tipo le persone possano ottenere un supporto psicologico o intraprendere, se necessario, una psicoterapia. Un professionista, infatti, può essere un valido sostegno per contenere lo stress emotivo e aiutare i partner a esplorare il significato che l'infertilità assume all'interno della relazione, ma soprattutto aiutandoli a valutare la possibilità di operare o meno alcune scelte alternative, quali il ricorso alla procreazione medicalmente assistita, l'adozione o anche la rinuncia consapevole e condivisa al progetto genitoriale nella salvaguardia dell'autonomia decisionale di ognuno e soprattutto nel rispetto e nella validazione delle emozioni proprie e dell'altro.

Progettualità e compromesso

Secondo molti esperti di medicina e di psicologia, smettere di fare progetti segna in un certo senso il tramonto della vita. Ciò avviene quando il cuore e la mente cessano di pensare alle possibilità future.

La voglia di progettare, di reinventarsi ogni giorno, di credere nella realizzazione di quello che sostanzia il celebre augurio "domani è un altro giorno" è una molla esistenziale. Una propulsione che regala energia per seguire una strada o anche solo un sentiero per realizzare uno spicchio di sogno.

Come abbiamo visto, però, la progettualità è anche il fondamento di condivisione della coppia, l'antidoto alla stanchezza della routine che pure, alla fine, rischia di diventare un terreno pieno di radici dove a proliferare non sono belle piante rigogliose, ma una fastidiosa ortica. Per essere felici in coppia, insomma, è necessario avere una visione comune della vita o, se non la si ha, cercare di costruirla. A questo si può arrivare attraverso diversi passi, anche se è necessario avere valori comuni. È altrettanto importante la ricerca del proprio posto e del proprio ruolo all'interno della coppia e ciò si concretizza proprio nell'esplicitazione e nell'individuazione di progetti personali e relazionali.

Lanciarsi in progetti di coppia, parlarne, pensarci insieme, dare forma a un'idea attraverso il dialogo è un modo eccellente per costruire ingaggi e avanzare attraverso le fasi evolutive della propria relazione. Intraprendere questa avventura è quindi un modo per dare significato alla vita e alla storia che state condividendo, all'interno di un contesto comune, con un obiettivo condiviso da raggiungere, una strategia e un piano d'azione che si basano sui punti di forza di ciascuno.

Questo è sostanzialmente il punto: progettare è diverso da desiderare. Così come un obiettivo è diverso da un sogno. Progetti e obiettivi hanno necessità di una definizione, più o meno strutturata, di quelli che sono i "come" e soprattutto i "perché". E questi vanno individuati. Mi viene in mente il celebre personaggio di Verdone, Furio. Ecco, non dico che tutto vada scandito al minuto come fa lui, ma è importantissimo avere degli obiettivi condivisi, passare attraverso tappe, compiti, riflessioni.

C'è una sottile alchimia che porta la coppia a costituirsi in quanto tale e ne abbiamo analizzato tutte le componenti, ma queste non sono sufficienti per portarvi da dove siete a dove vorreste andare. Tale consapevolezza è ciò che prelude al compromesso.

Un buon sinonimo di questo termine sul piano psicologico è insito nel concetto di flessibilità, ovvero la capacità di adattarsi, anche ai bisogni e ai desideri dell'altro. Il che ovviamente non significa annullarsi, ma comprendere l'importanza dell'accomodamento. I latini parlavano di *do ut des,* letteralmente "do a te perché tu dia a me" e in parte potremmo dire che nella coppia il compromesso funziona proprio così: il disaccordo viene sanato nel momento in cui è possibile trovare un punto di incontro tra le rispettive posizioni.

Nell'ambito dei progetti questo è ancor più vero perché si possono desiderare cose diverse in momenti diversi, ma la capacità di avanzare si basa proprio sulla capacità di remare entrambi per condurre la barca verso un obiettivo comune.

LA NOSTRA BUSSOLA

Quando optate per una vera e propria strutturazione dell'amore, è fondamentale innanzitutto rafforzare il rapporto con il partner.

Il primo suggerimento verte proprio sulla possibilità di individuare quali sono gli step necessari per la costruzione di un progetto.

Come membri di una coppia potete per prima cosa lavorare individualmente sulle vostre visioni della vita e poi discutere insieme su ciò che è venuto alla luce. Questa è una modalità utile per sentirsi liberi di focalizzare l'attenzione sul proprio vedere e sentire, senza interferenze, senza paura del giudizio, senza remore. Condividere la propria visione con il partner consente di aprire un confronto, essenziale per conoscersi e comprendersi al meglio nell'ottica di definire una vita di coppia soddisfacente. Ovviamente bisogna tener conto del fatto che questa è inizialmente una "visione", non un piano stabilito, preciso e stringente. L'idea deve essere chiara, ma non troppo dettagliata perché potrebbe precludere una serie di possibilità e, soprattutto, diventare quasi automaticamente poco realizzabile.

In questa fase è indispensabile evitare quella sorta di autocensura che ci imponiamo per paura di ritrovarci su posizioni incompatibili rispetto al nostro partner: è proprio qui che si impara l'arte del compromesso. I vostri desideri più profondi hanno lo stesso valore dei desideri dell'altra persona e devono essere espressi, conosciuti e discussi.

La condivisione delle vostre rispettive visioni dovrà avvenire in un contesto calmo e intimo, non disturbato da fattori esterni. Ognuno deve innanzitutto ascoltare l'altro mentre spiega la sua visione della vita, potete scegliere un "tempo". Come avviene nelle conferenze. Poi è importante fare domande, senza esprimere giudizi o menzionare gli ostacoli e i vincoli che si hanno in mente. Al termine di questa fase arriva il momento di discutere insieme i punti in comune, i punti di differenza e i sommi capi di una visione condivisa della vita. È importante capire se c'è un margine di compromesso, individuarlo e stare ben attenti che non vada a scapito di valori o aspirazioni profonde. Non bisogna scegliere di accettare la visione del partner per paura di perderlo, perché questa rassegnazione prima o poi riemergerà e metterà in difficoltà la coppia.

A questo punto entrambi sapete dove volete andare, ma avete bisogno di una strategia per arrivarci. La vostra visione può modificarsi nel tempo, ma non dovrebbe cambiare radicalmente. Il vostro piano, invece, si evolverà di continuo, proprio perché la vita è meravigliosa, ma anche piena di incertezze, opportunità e talvolta ostacoli.

Quello che vi propongo a questo punto è un esercizio: non importa che siate una coppia fresca o stiate insieme già da diversi anni. Scrivete insieme il vostro progetto, perché una nuova sfida comune può essere proprio la linfa che rafforza il vostro legame d'amore.

Acquistate un quadernino che sia dedicato a questo lavoro e individuate delle macro aree di riflessione che potrebbero essere quelle della salute, delle finanze e della professione, delle relazioni, della crescita personale e del tempo libero. Poi per ognuna stilate una lista di desideri, progetti e obiettivi.

Per esempio relativi al coinvolgimento, tradotto in matrimonio o convivenza, i figli, i viaggi, l'avvio di un'attività professionale in comune, l'acquisto di una casa o la ristrutturazione di quella in cui già vivete insieme, l'iscrizione a nuove attività in cui entrambi partite da zero, la riorganizzazione di alcuni spazi, e così via. Insomma, sbizzarritevi. È fondamentale che questo sia un impiego di tempo creativo e divertente.

Soprattutto sulla questione figli è importante confrontarsi presto, perché il tempo passa e, senza una progettualità di vita chiara, ci si trova a rimandare eccessivamente, mettendo a rischio la possibilità concreta di realizzare quello che magari potrebbe essere il desiderio di entrambi.

Se state già aspettando il vostro primo figlio o siete appena diventati genitori, ci sono alcuni passaggi che potrebbero aiutarvi a rafforzare il rapporto con il partner.

Condividete le vostre esperienze. Parlate delle gioie e dei risultati raggiunti, ma anche dei dubbi, delle preoccupazioni e delle frustrazioni. Fate sapere cosa provate, siate curiosi e ascoltate come si sente il partner. Parlate di quali valori sono importanti per entrambi e di come questi possono essere messi in pratica come famiglia.

Concedetevi tempo. Cercate di trascorrere del tempo speciale insieme in coppia, regolarmente e (se li avete) senza figli. Questo vi darà la possibilità di avvicinarvi e recuperare un po' di energia.

Lavorate in squadra. Cercate di assicurarvi di dormire abbastanza, di condividere i lavori domestici e i compiti genitoriali e di essere gentili l'uno con l'altro.

Ricordatevi sempre di lodare e incoraggiare e condividere i vostri successi. Un rinforzo positivo vale cento rinforzi negativi.

E ora che avete tutti gli strumenti a vostra disposizione, non posso fare altro se non augurarvi buon viaggio!

BIBLIOGRAFIA

Capitolo 1

ANAPOL, DEBORAH T., *Polyamory in the 21st Century. Love and Intimacy with Multiple Partners*, Rowman & Littlefield, Lanham 2010.

BERSCHEID, ELLEN S., *Love in the Fourth Dimension*, in «Annual Review of Psychology», vol. 61, 2020, pp. 1-25.

BUSS, DAVID M., *The Evolution of Love*, in ROBERT J. STERNBERG – KARIN WEIS (a cura di), *The New Psychology of Love*, Yale University Press, 2006.

EASTON, DOSSIE – LISZT, CATHERINE A., *The Ethical Slut. A Guide to Infinite Sexual Possibilities*, Greenery Press, San Francisco 1997.

EMENS, ELIZABETH, *Monogamy's Law: Compulsory Monogamy and Polyamorous Existence*, in «New York University Review of Law & Social Change», vol. 29, 2004, pp. 277-376.

HENDRICK, CLYDE – HENDRICK, SUSAN S., *Styles of Romantic Love*, in ROBERT J. STERNBERG – KARIN STERNBERG (a cura di), *The New Psychology of Love*, Yale University Press, pp. 149-170.

KLESSE, CHRISTIAN, *Polyamory and Its «Others»: Contesting the Terms of Non-Monogamy*, in «Sexualities», vol. 9, n. 5, 2006, pp. 565-583.

Lano, Kevin – Parry, Claire, *Breaking the Barriers to Desire. Polyamory, Polyfidelity and Non-monogamy – New Approaches to Multiple Relationships*, Five Leaves Publications, Nottingham 1995.

Lee, John A., *Colours of Love: An Exploration of the Ways of Loving*, New Press, Toronto 1973.

Liotti, Giovanni – Fassone, Giovanni, *et. al.*, *L'evoluzione delle emozioni e dei sistemi motivazionali*, Raffaello Cortina Editore, Milano 2017.

Ritchie, Ani – Barker, Meg, *«There Aren't Words for What We Do or How We Feel so We Have to Make Them Up»: Constructing Polyamorous Languages in a Culture of Compulsory Monogamy*, in «Sexualities», vol. 9, n. 5, 2006, pp. 584-601.

Sternberg, Robert J., *A Triangular Theory of Love*, in «Psychological Review», vol. 93, n. 2, 1986, pp. 119-135.

Strassberg, Maura I., *The Challenge of Post-Modern Polygamy: Considering Polyamory*, in «Capital University Law Review», vol. 31, 2003, pp. 439-563.

—, *Distinguishing Polygamy and Polyamory under the Criminal Law*, in Daniela Cutas – Sarah Chan (a cura di), *Families – Beyond the Nuclear Ideal*, Bloomsbury Academic, Londra 2012.

Capitolo 2

Hogg, Michael A. – Vaughan, Graham M., *Psicologia sociale. Teorie e applicazioni*, Pearson, Milano 2021.

Moliterni, Pasquale, *Didattica e scienze motorie: tra mediatori e integrazione*, Armando Editore, Roma 2013.

PERSAUD, RAJ, *The Psychology of Seduction – Is Life a Seduction!*, Annual Gresham Lecture, Gresham College, Londra.

—, *Simply Irresistible. The Psychology Of Seduction-How To Catch And Keep Your Perfect Partner*, Bantam Press, Londra 2007.

Capitolo 3

BOWLBY, JOHN, *The Bowlby-Ainsworth Attachment Theory*, in «Behavioral and Brain Sciences», vol. 2, n. 4, 1979, pp. 637-638.

DIXON, ALAN F. – HALLIWELL, GAYLE, *et al.*, *Masculine Somatotype and Hirsuteness as Determinants of Sexual Attractiveness to Women*, in «Archives of Sexual Behavior», vol. 32, n. 1, febbraio 2003, pp. 29-39.

FURNHAM, ADRIAN – BADMIN, NICOLA, *et al.*, *Body Image Dissatisfaction: Gender Differences in Eating Attitudes, Self-Esteem, and Reasons for Exercise*, in «The Journal of Psychology», vol. 136, n. 6, dicembre 2002, pp. 581-596.

GANGESTAD, STEVEN W. – SCHEYD, GLENN J., *The Evolution of Human Physical Attractiveness*, in «Annual Review of Anthropology», vol. 34, 2005, pp. 523-548.

HENDRIX, HARVILLE, *An Introduction to Imago. How to Keep Your Relationship in Shape*, 1992.

JHANGIANI, RAJIV – TARRY, HAMMOND *et al.*, *Principles of Social Psychology*, BCcampus, 2022.

LESTER, DAVID – HVEZDA, JUDITH, *et al.*, *Maslow's Hierarchy of Needs and Psychological Health*, in «The Journal of General Psychology», vol. 109, n. 1, luglio 1983, pp. 83-85.

RECALCATI, MASSIMO, *Ritratti del desiderio*, Raffaello Cortina Editore, Milano 2018.
SELS, LAURA – CEULEMANS, EVA, *et al.*, *Emotional Interdependence and Well-Being in Close Relationships*, in «Frontiers in Psychology», vol. 7, marzo 2016.

Capitolo 4

ANTONELLI, PAOLO, *Le dipendenze affettive. Quando amare fa male*, Giunti, Firenze 2022.
ASCHER, MICHAEL S. – LEVOUNIS, PETROS (a cura di), *The Behavioral Addictions*, American Psychiatric Publishing, 2015.
EARP, B. D. – WUDARCZYK, O. A. – FODDY, B. – SAVULESCU, J., *Addicted To Love: What Is Love Addiction And When Should It Be Treated?*, «Philosophy, Psychiatry, & Psychology: PPP», vol. 24, n. 1, marzo 2017, pp. 77-92.
FISHER, HELEN E. – XU, XIAOMENG – ARON, ARTHUR, – BROWN, LUCY L., *Intense, Passionate, Romantic Love: A Natural Addiction? How The Fields That Investigate Romance And Substance Abuse Can Inform Each Other*, in «Frontiers in Psychology», vol. 7, 2016.
GRIFFITHS, MARK D., *Addicted To Love: The Psychology Of Sex Addiction*, in «Psychology Review», n. 8, pp. 20-23.

Capitolo 5

MCCULLOUGH, MICHEAL E. – FINCHMAN, FRANK D., *et al.*, *Forgiveness, Forbearance, and Time: The Temporal Unfol-*

ding of Transgression-Related Interpersonal Motivations, in «Journal of Personality and Social Psychology», vol. 84, n. 3, 2003, pp. 540-557.

RECALCATI, MASSIMO, *Non è più come prima. Elogio del perdono nella vita amorosa*, Raffaello Cortina Editore, Milano 2014.

Capitolo 6

DE RAAD, B. – MLAČIĆ, B., *Big Five Factor Model, Theory and Structure*, in «International encyclopedia of the social & behavioral sciences», vol. 2, n. 2, 2015, pp. 559-566.

DEYOUNG, COLIN G., *Toward a Theory of the Big Five*, in «Psychological Inquiry», vol. 21, n. 1, 2010, pp. 26-33.

LAVNER, JUSTIN A. – WEISS, BRANDON, *et al.*, *Personality Change among Newlyweds: Patterns, Predictors, and Associations with Marital Satisfaction over Time*, in «Developmental psychology», vol. 54, n. 6, pp. 1172-1185.

MOI, GABRIELE, *La natura sistemica dei Modelli Operativi Interni*, in «Cambia-Menti, rivista dell'Istituto di Psicoterapia sistemica integrata», vol. 2, 2011, pp. 5-16.

VISIGALLI, RAFFAELLA, *Sterilità e infertilità di coppia. Counseling e terapia psicologica*, Franco Angeli, Milano 2011.

Finito di stampare nell'aprile 2024 presso
Grafica Veneta - via Malcanton, 2 - Trebaseleghe (PD)
Printed in Italy